新时期高等职业教育的可持续发展探索

汪　安／著

九州出版社
JIUZHOUPRESS

图书在版编目（CIP）数据

新时期高等职业教育的可持续发展探索 / 汪安著
. -- 北京：九州出版社，2023.5
ISBN 978-7-5225-1819-0

Ⅰ.①新… Ⅱ.①汪… Ⅲ.①高等职业教育—可持续
性发展—研究—中国 Ⅳ.① G718.5

中国国家版本馆 CIP 数据核字（2023）第 079571 号

新时期高等职业教育的可持续发展探索

作　　者	汪　安　著	
责任编辑	周　昕	
出版发行	九州出版社	
地　　址	北京市西城区阜外大街甲 35 号（100037）	
发行电话	（010）68992190/3/5/6	
网　　址	www.jiuzhoupress.com	
印　　刷	北京亚吉飞数码科技有限公司	
开　　本	710 毫米 ×1000 毫米　16 开	
印　　张	14.75	
字　　数	234 千字	
版　　次	2023 年 6 月第 1 版	
印　　次	2023 年 6 月第 1 次印刷	
书　　号	ISBN 978-7-5225-1819-0	
定　　价	86.00 元	

前　言

20世纪80年代,伴随着经济社会的迅速发展以及对实用型人才的需求量大增,高等职业教育在我国逐渐兴起。经过四十余年的发展,我国高等职业教育的规模迅速扩大,并成为高等教育的一个重要组成部分,在培养高素质高技能应用型专门人才、贯彻科教兴国战略和人才强国战略、推动经济发展、推进社会主义现代化建设等方面发挥着越来越重要的作用。因此,今后还要大力发展高等职业教育,切实推进高等职业教育的可持续发展。

推进高等职业教育的可持续发展,在当前已被越来越多的人所认可。但是,由于我国高等职业教育的起步比较晚,办学定位仍较为模糊、办学特色不突出,因而所培养的人才无法得到社会的高度认可,这使得高等职业教育的可持续发展面临着困境。此外,高等职业教育在当前面临的一些新形势,如经济的快速发展以及产业结构的不断升级对应用型人才提出了新的要求,以高科技、信息技术为主导的新型产业的迅速崛起和蓬勃发展对应用型人才的要求越来越高,也需要其进一步探索可持续发展的路径,以便为社会培养出更多合格的高素质应用型人才。基于此,作者在参阅大量相关著作文献的基础上,结合高等职业教育发展与改革的经验,精心撰写了本书。

本书包括九章内容。第一章作为全书开篇,对高等职业教育及其发展的相关内容进行了总体论述,从而为下述章节的展开做好了理论铺垫。第二章至第七章是本书的重点内容,分别对高等职业教育的办学定位、发展模式、专业建设与课程管理、教学与科研管理、教师培养以及产教融合等内容进行了详细研究,能够帮助高等职业院校在明确办学定位、形成办学特色的基础上,不断提高自己的教学质量,从而确保所培养的人才得到社会的高度认可。由于高职院校校园文化的建设情况以及终极目标是否明确,会对高等职业教育的可持续发展产生影响,因此第八章和第九章分别对高职院校的校园文化建设和高职院校发展的终极目标进行了深入探索。

本书在撰写的过程中,既吸收了前人研究的有益成果,又在此基础上进行了深化和拓展,以期创建有中国特色的高等职业教育理论体系,切实促进我国高等职业教育的可持续发展。概括而言,本书有以下几个鲜明的特色。

第一,针对性强。本书在撰写的过程中,充分考虑当前我国高等职业教育发展的现状以及新时期对高等职业人才培养的要求,因而对于在当代更好地开展高等职业教育具有一定的指导意义。

第二,实用性强。本书坚持理论与实践相结合,既尝试对具有中国特色的高等职业教育理论进行构建,又着眼于我国高等职业教育的发展实际,对新时期如何更好地推动高等职业教育的可持续发展进行了详细具体的指导,以确保高等职业教育能发挥出最大的作用。

第三,规范性强。本书在论述过程中,力求逻辑清晰、脉络分明、阐述充分、语言准确规范,以确保本书的学术性和准确性。

在本书的撰写过程中,作者不仅参阅、引用了很多国内外相关文献资料,而且得到了同事亲朋的鼎力相助,在此一并表示衷心的感谢。由于作者水平有限,书中疏漏之处在所难免,恳请同行专家以及广大读者批评指正。

目　录

第一章　路径变化：高等职业教育发展概述

我国高等职业教育经历了一个曲折的发展过程，这个过程也是高等职业教育界对其认识逐步提高的过程。在 20 世纪 70 年代后期至今的 40 余年中，高等职业教育从辅助和配角地位，逐渐成为培养中国经济发展、产业升级换代迫切需要的高素质技能型人才的主力军。以下就高等职业教育发展路径变化进行阐述。

第一节　高等职业教育的发展背景与历史沿革

一、高等职业教育的发展背景

从世界范围来看，工业化运动推动了职业技术的产生并依其进步而发展，为各国各地区工业化服务。工业化运动所内含的科技进步是带动产业革命，推动高等职业教育发展的主导要素，科技发展使高等职业教育不断提升，以适应其发展。同样，高等职业教育又反过来推动了产业的发展，孕育出新的科技进步。特别是 20 世纪 60—70 年代高等职业教育进入了发展的黄金时代。这一时期，美国和加拿大的社区学院、日本的高等专门学校、英国的多科技术学院和继续教育学院、德国和法国的高等专科学校等，都为各自的国家经济发展做出了非常重要的贡献。

美国之所以能在短时间内赶超欧洲，最主要的原因之一是推行赠地建院，首创工、农学院，大力发展高等职业技术教育，从而在南北战争后的 30 年间，工业产值连增 4 倍，成为世界经济大国。美国高等职业教育的主要力量是社区学院。社区学院收费低、学制短、灵活实用的特点深受中、低收入家庭欢迎。

加拿大的职业教育主要由社区学院完成。社区学院属于全民教育、终身教育范畴，有继续教育、终身教育或第二岗位教育之称。大部分毕业生直接参加工作，20%～40%的毕业生将进入四年制大学继续学习，并获得学士学位。加拿大的职业技术学院在发展过程中与工业界结成紧密的伙伴关系，而这种关系主要是通过工业界的行业协会来实现的。行业协会积极支持职业技术学院更新教学内容，并积极促成加拿大各省的职业技术学院相互承认学分，还将职业认证体系与职业技术学院提供的课程紧密结合起来。

第二次世界大战后，日本之所以能在战争的废墟上异军突起、后来居上，原因之一也是大力发展职业教育及工科教育。

英国在第二次世界大战后50年中跨了三大步：第一步，20世纪60年代初，英国将一部分条件好的技术学院改为高级技术学院并划归中央。第二步，《1956年白皮书》调整了技术教育的结构，把工艺技术一直到技术学位划分等级。第三步，20世纪80年代末双轨制结束，40多所以应用技术为重点的多科技术学院正式升格为大学，与牛津、剑桥等平起平坐。总体来看，英国高等职业教育在各个不同的时期，都为英国社会经济发展做出了贡献，随着社会经济及教育本身的发展，不断地进行着改革。

德国从20世纪70年代初开始发展高等职业专科学校，并有一套完整的普通教育和职业教育制度。特别是"双元制"职业教育模式颇具特色，在国际上享有盛名，被称为德国经济腾飞的秘密武器。

法国高等职业教育的主要力量是职业技术学院（Institut Universitaire de Technologie，简称IUT），其主要目的是培养具有某项职业技术技能的人才。自1966年创建起，法国教育部共先后设立生物工程、土木工程、机械工程及生产、信息通信、健康、安全和环境、物流及运输、电信工程及网络、材料工程等25个IUT专业。职业技术学院在法国拥有很高的声誉，是社会劳动力的摇篮。

世界高等职业教育的发展不是偶然的，而是教育主动适应时代要求的结果。科技创新、经济发展对社会的整体教育水平提出了更高的要求，高等教育不再是少数人享有的特权，在发达国家它代表着国民平均受教育的水平。

我国高等职业教育起步较晚，兴起于 20 世纪 80 年代初期，崛起于 90 年代，发展于 90 年代末和 21 世纪初。高等职业教育在我国的兴起与上述几个国家高等职业教育发展的背景颇为相似。它是十一届三中全会后改革开放的产物。它的产生实现了几个方面的突破：一是突破了中央和省级二级办学体制，开创了中心城市办高校的先河；二是突破了统包统分的毕业生分配体制；三是较早地适应市场经济体制；四是对高等教育单一的人才培养模式进行了长期的探索，初步形成了高等职业教育的特色。

二、高等职业教育的历史沿革

高等职业教育是我国教育改革发展中产生的高等教育新类型。中国特色的高等职业教育横跨了高等教育和职业教育两大领域，其发展大致经历了以下几个阶段。

（一）高等职业教育的孕育与起步（1980—1984）

改革开放初期，为解决地方应用型人才严重匮乏和高等教育资源严重短缺的问题，部分中心城市举办了一批以"收费、走读、不包分配"为主要特点的地方短期职业大学，率先举起了"高等职业教育"的旗帜。1980 年，国家教委批准成立了南京金陵职业大学、江汉大学、无锡职业大学等 13 所短期职业大学。1982 年，全国人大五届五次会议明确提出："要试办一批花钱少，见效快，可收学费，学生尽可能走读，毕业生择优录用的专科学校和短期职业大学。"根据这一精神，国家教委在 1983 年批准成立了 33 所职业大学；1984 年和 1985 年又分别批准建立了 22 所。职业大学是在社会和经济发展需要的情况下建立而成，具有办学方式多元化，专业设置灵活多样，办学经费筹措途径多，双师资力量强，课程内容注重理论实践相结合的特点。

由于政府的重视和支持，江苏省的职业院校数目众多，在同类大学中取得成绩比较突出，表 1-1 列出了分析情况。

表 1-1　1980—1984 年江苏省职业大学发展概况　（单位：人）

年份	学校数	毕业生数	招生人数	在校学生	专任教师	师生比
1980	3	—	1536	1536	258	1：6.8
1981	4	—	1069	2604	119	1：22
1982	4	30	1149	3715	367	1：10.1
1983	9	1278	2352	4860	584	1：8.3
1984	16	1063	4052	7989	880	1：9.1

资料来源：根据《中国教育年鉴(江苏卷)》（1982—1984）相关数据整理。

（二）高等职业教育发展的探索与实践（1985—1993）

1985 年全国普通高等学校达到 1016 所，其中：大学、学院（本科院校）574 所，专科学校 324 所，短期职业大学 118 所。[1] 为改变专科、本科比例不合理的状况，也是在 1985 年，《中共中央关于教育体制改革的决定》明确要求积极发展高等职业技术院校，并首次提出了建立一个完整的职业技术教育体系。该决定规定高等职业教育院校可以面向中等职业教育院校进行招生，有本专学历、成绩合格的在职人员也可以被接收。希望可以建立一个逐级增高、行业配套、结构合理的由纵向体系与和普高教育相互联系的横向体系共同构成的职业教育体系。同时，我国高等职业教育正式纳入国民教育体系。

1986 年，全国职业教育工作会议上指出，高等职业学校、一部分广播电视大学、高等专科学校，应该划入高等职业教育。从此，"高等职业教育"正式开始在官方文件中使用。

1987 年，《国家教育委员会关于改革和发展成人教育的决定》中明确提出，职工大学、职工业余大学、管理干部学院应当利用自己同企业、行业关系紧密的有利条件，结合需要，举办高等职业教育。

1991 年《国务院关于大力发展职业技术教育的决定》和 1993 年中共中央、国务院颁布《中国教育改革和发展纲要》，明确强调"要积极发展高等职业教育"。

---

[1]　中共中央党校理论研究室.历史的丰碑：中华人民共和国国史全鉴（教育卷）[M].北京：中共中央文献出版社，2005：321.

（三）高等职业教育地位的确立（1994—1998）

1994年，全国教育工作会议提出"通过现有的职业大学、部分高等专科学校和独立设置的成人高校改革办学模式，调整培养目标来发展高等职业教育。仍不满足时，经批准利用少数具备条件的重点中等专业学校改制或举办高职班等方式作为补充"，即后来被统称为"三改一补"的基本方针，拓展了高等职业教育的发展路径。

1995年，国家教委下发《关于开展建设示范性职业大学工作的通知》，指出建设一批示范性学校，逐步带动职业大学总体水平的提高，促进职业大学的健康发展。

1996年《中华人民共和国职业教育法》颁布，明确了职业学校教育分为初等、中等、高职院校教育，这在我国历史上第一次确立了高等职业教育和高职院校的法律地位。

1998年《中华人民共和国高等教育法》颁布，进一步明确了高等职业教育和高职院校在我国高等教育体系中的法律地位。

这一阶段，高等职业教育发展中的一系列重大问题得到了较为系统全面的回答，如发展高等职业教育的目的；高等职业教育的性质；高等职业教育的培养目标、服务面向、专业设置、教学内容、培养标准、办学模式；发展高等职业教育的基本原则；发展高等职业教育的主要途径；发展高等职业教育的政策措施。

到1996年，全国已有职业大学88所，在校生约10万人，并在部分高等专科学校、成人高等学校和少数中专进行高职试点（涉及专科57所，成人高校45所，中专办高职班10所）。到1998年，全国高等职业教育招生43万人，在校生117万人，独立设置的高等职业学校432所。[1]

（四）高等职业教育的大力发展（1999年至今）

1999年，中共中央、国务院作出《关于深化教育改革，全面推进素质教育的决定》，提出"大力发展高等职业教育"，培养适应市场发展需求

---

[1]　朱永新.中国教育改革大系·职业教育卷[M].武汉：湖北教育出版社，2016：18.

和满足农村专门需求的能够进行生产、服务和管理的综合型人才,明确了高等职业教育的根本任务,从此高等职业教育进入了快速发展阶段。同年,国务院批准了教育部制定的《面向 21 世纪教育振兴行动计划》,该文件中强调了"我国高等职业教育的发展应该结合地方的经济发展特点展开,教育目标是培养适应市场发展需求的能够进行生产、服务和管理的综合型人才"。

2000 年,《国务院办公厅关于国务院授权省、自治区、直辖市人民政府审批设立高等职业学校有关问题的通知》明确,省(区、市)人民政府自行审批设立高等职业学校,报教育部审核批复。这为高等职业教育规范、健康的发展奠定了重要基础。

2002 年,国务院召开全国职业教育工作会议,明确提出"扩大高等职业教育的规模"。

2003 年,教育部在全国高等院校(包括高职高专)启动了精品课程建设工作。

2004 年,《教育部关于以就业为导向深化高等职业教育改革的若干意见》明确了高职院校必须坚持的办学方针和培养目标,即以服务为宗旨,以就业为导向,走"产、学、研"结合的发展道路,培养面向生产、建设、管理、服务第一线需要的"下得去、留得住、用得上",及实践能力强、具有良好职业道德的高技能人才。

2011 年,教育部先后发布《关于推进中等和高等职业教育协调发展的指导意见》《关于推进高等职业教育改革创新引领职业教育科学发展的若干意见》等重要文件,提出了高等职业教育要以提高质量为核心,以增强特色为重点,以合作办学、合作育人、合作就业、合作发展为主线,努力建设有中国特色、世界水准的高等职业教育。2013 年,"高等职业教育经费总投入 1452 亿元,国家财政性教育经费投入 824 亿元,生均公共财政预算经费为 9959 元,相较 2005 年的 2959 元,增加了 7000元"[1]。从 2014 年起,中央财政建立"以奖代补"机制,激励和引导各地建立完善高职院校生均拨款制度,提高生均拨款水平,促进高等职业教育改革发展。

2015 年,教育部印发《高等职业教育创新发展行动计划(2015—

---

[1] 杨进.中国职业教育发展报告 2014[M].北京:高等教育出版社,2015:231.

2018 年）》，提出"巩固学校、省和国家三级高等职业教育质量年度报告制度,进一步提高年度质量报告的量化程度、可比性和可读性"。

2018 年 6 月 27 日,教育部职业教育与成人教育司在北京召开了"高等职业教育创新发展行动计划工作会",会议分析研判了高等职业教育发展形势任务,通报了各地行业职业教育教学指导委员会（简称行指委）关于《高等职业教育创新发展行动计划（2015—2018 年）》的推进情况,分享了各地行指委和高职院校落实行动计划的典型做法及建设成效。会议提出,党的十九大明确了职业教育和继续教育发展的新任务、新要求。近期职业教育要做好三件事：第一件事,收官《高等职业教育创新发展行动计划（2015—2018 年）》；第二件事,谋划今后一个时期职业教育改革创新发展行动；第三件事,筹划"中国特色高水平高职学校和专业建设计划"。

根据 2016 年 6 月 28 日教育部发布的《"高等职业教育质量稳步提升,一批高水平学校快速成长"有关情况》,近年来,高等职业教育快速发展,年招生数、在校生规模稳中有升。2010 年全国独立设置高职学校 1246 所,招生数 310 万人,毕业生数 316 万人,在校生数 966 万人。到 2015 年,全国独立设置的高职院校达 1341 所,招生数 348 万人,毕业生数 322 万人,在校生数 1048 万人,占高等教育院校人数的 41.2%。根据教育部 2016 年公布的全国高等学校名单显示,"目前我国共有各类高等院校 1486 所"[1]。高等职业教育已成为高等教育的半壁江山,为适龄青年提供了进入高校学习并掌握就业技能的机会,对高等教育从精英阶段进入大众化阶段发挥了重要作用。

总之,经过 30 余年的改革与发展,我国实施高等职业教育的机构类型多种多样,几乎涵盖了国外实施高等职业教育的所有形式。既有类似于美国社区学院的职业大学,又有类似于日本高等专科学校的五年一贯制高职班,还有一批与国外相同性质的高等专科学校。现有的几种形式的高等职业教育,为我国大力发展高等职业教育奠定了比较好的基础。

---

[1]　陈然.心理资本在高职院校创业教育中的开发与培育[J].职教通讯,2016（23）：43.

第二节　高等职业教育的目的与培养目标分析

一、高等职业教育的目的

教育目的是教育工作的出发点和归宿。它所要回答的问题是：教育是干什么的？高等职业教育是中等职业教育的高层次，它与社会经济的发展密切联系，因此，高等职业教育的目的是一个与时俱进的概念。

早在1917年黄炎培先生等在上海发起成立中华职业教育社，提出职业教育目的是谋个性之发展，为个人谋生之准备，为个人服务社会之准备，为国家及世界增进生产力之准备。

中华人民共和国成立后，随着社会主义建设的发展，职业教育得到了长足的发展，职业教育的目的又确定为培养具有必要的文化科学基础知识，掌握一定的现代技术，身体健康，全心全意为人民服务的技术人才。

改革开放以来，随着社会经济和科学技术的快速发展，对职业教育发展提出了新的要求，职业教育目的确定为使受教育者成为德、智、体、美全面发展的，具有良好职业道德和熟练操作技能的技术人才、管理人才。

通过对职业教育目的的理解，高等职业教育的目的可以概括为：第一，高等职业教育培养的是社会主义现代化的建设者，具有开拓、创新精神和社会责任感，德、智、体、美等方面全面发展的技术应用型人才和高技能型人才；第二，高等职业教育培养的是社会主义事业的接班人；第三，高等职业教育培养的人才是身心健康、个性完美的生活强者，应该成为勤奋好学、勇于进取、不断创新的应用型人才。

二、高等职业教育的培养目标

培养目标是对各级各类学校根据教育目的及学校的性质任务、培养对象提出的特定要求。高职院校的培养目标是高等职业教育目的体系中承上启下的重要环节,它充分体现教育目的,积极指导学院各项工作有序地展开,它既是办学的标准,又是引领学院发展的方向。

高等职业教育的培养目标应定位在技术应用型人才和高技能型人才,但是,随着形势发展的变化,其内涵要充实、要丰富。新时期高等职业教育培养目标的完整表述是：高等职业教育是建立在高中阶段教育基础之上实施的具有高等教育属性的职业与技术教育,培养适应生产经营与服务第一线需要的,适应国际竞争需要的,适应终身发展需要的,德、智、体、美全面发展的技术应用型人才和高技能型人才。

第三节　高等职业教育的结构

一、高等职业教育结构的内涵

高等职业教育结构是指高等职业教育系统内各要素之间的联系方式和比例关系。它是一个多维度、多层次、多样化的综合结构。高等职业教育结构从宏观上说,一般由层次结构、形式结构、布局结构、专业结构、师资结构等要素构成。

（一）层次结构

层次结构是指高等职业教育培养的人才纵向层次。高等职业教育层次结构的主要任务是最大限度地满足社会经济发展的需要,按照各层次人才需求的比例来培养各种不同层次的技术应用型人才和高技能型人才。目前我国高等职业教育以专科学历教育为主,这与我国的经济社会发展水平基本适应。但我国社会经济发展不平衡,就"长三角""珠三角"等经济发达地区来说,其经济发展的各项指标目前已经达到中等发达国家水平。高新技术产业已成为其支柱产业和主导产业,经济社会和高新技术的发展,对高层次技能型人才产生了大量需求。高等职业教育应与经济发展水平和生产力发展水平相适应,根据市场需要,要及时积极发展更高层次的高等职业教育。从世界高等职业教育发展动向看,层次高移已成为必然趋势。

（二）形式结构

形式结构是指高等职业教育的办学形式。高等职业教育的形式涵盖了职业学校教育和职业技术培训两部分内容。职业学校教育是一种正规的、长学制的、以人力规划为基础的、以学校为主要基地的学历教育。职业技术培训则是紧密结合市场需求和区域产业特点，根据职业岗位和转岗的特定需要而传授相关的知识和技术，人们一般称之为非学历教育。从发展形式看，高等职业教育的形式结构又分为公办高职院校、民办高职院校、股份制高职院校（如江苏信息职业技术学院等）和国有民营高职院校（如浙江万里学院等）。从发展趋势看，既要发展学校形态的高等职业教育，又要开展以高新技术培训为主要内容的非学历教育，两者并举，协调发展。

（三）布局结构

布局结构是指高等职业教育的区域分布特征。高等职业教育机构主要布局在中等城市，这是由高等职业教育面向地方、突出为经济发展服务，为生产一线和农村培养技术应用型人才和高技能型人才的办学目标所决定的。高等职业教育的布局结构优质化，应充分考虑不同地域人才需求的特点，解决好如下问题：一是贴近产业集群区域，二是综合考虑教育资源的合理利用。在规划高等职业教育布局结构时，应坚持按照学区配置高等职业教育资源，以避免教育资源的浪费。在经济大发展的宏观背景下，中央提出了以新思路推动中国的城市化进程，这为我国高等职业教育布局结构发展提供了机遇和空间，高等职业教育将成为我国经济发展和城市化建设的加速器。

（四）专业结构

专业结构是指各专业在高等职业教育中所占的比例。2004 年教育部已制定了以第一、第二、第三产业为骨架的《普通高等学校高职高专教育指导性专业目录（试行）》，该专业目录包括农林牧渔等 19 个大类，

78个种类,531个专业。同时各省、自治区、直辖市也可以结合各地方产业发展实际情况,申报目录外专业。

（五）师资结构

师资结构是指教师中学历结构,年龄结构,性别结构以及资历结构等。应按照专业设置和课程结构要求,调整和优化原有的师资结构,其基本途径有以下几种:一是立足培训;二是有计划、有步骤地以优惠政策引进一些学历层次较高的骨干教师和学术带头人,以及具有相当学历并在企业生产第一线从事生产管理数年的经验丰富的高级管理者和技术人才;三是从企业聘请一部分高级工程技术人员和管理人员担当学校的客座讲师、教授。

二、高等职业教育结构的优化和提升

高等职业教育结构的优化和提升涉及高等职业教育自身结构优化问题,涉及外部环境与内部环境的协调问题。

（一）高等职业教育结构的优化

（1）优化的内在要求是协调发展。高等职业教育结构的基本要素是相对稳定的,但是,每一构成要素（如形式结构、层次结构等）的内涵是随着我国社会经济发展的变化而变化的,是一个动态变化的发展过程。高等职业教育结构要很好地适应社会经济、科技、文化发展的需求,就必须做好规划的预测和研究。尤其是在专业结构调整过程中,要处理好社会需求的多样性、多变性与学院教育稳定性、学院教育资源的可利用性的关系。

（2）优化的目标是全面适应。全面适应,是指高等职业教育结构的调整与提升应以社会需求为依据,主动适应社会结构、经济结构、产业结构和技术结构的变化;应以社会公民的职业发展为目标,为每一个社会公民提供继续学习的机会和条件。

（3）优化的条件保障是宏观规划。政府必须加强宏观规划、政策引导、质量监控、分类指导,以保证高等职业教育结构发展的方向。

（二）高等职业教育结构的提升

我国独立设置的高职院校绝大多数是由重点中等专业学校升格的。新升格的高职院校要研究院校发展，找准自己的发展定位，制定可行的院校发展战略。具体可从以下几点入手。

（1）确立与时俱进的发展理念。新升格的高职院校，要确立与时俱进的教育价值观，摆脱中专束缚，积极探索高等职业教育办学规律。要确立与时俱进的教育质量观。

（2）选择合理准确的发展定位。高职院校发展定位选择及特色追求，在谋求学院事业发展中具有极为重要的作用。发展定位的内涵包括：层次定位、类型定位、学科（专业）定位、目标定位、面向定位和规模定位等。中专升高职的院校，要积极探索高等职业教育发展规律，科学合理地选择学院发展定位，一步一步地朝着一流高职院校的目标迈进。

（3）优化师资队伍结构，提升师资队伍层次。中专升高职的院校要建立培养、引进、集聚的师资优化配置机制，注重教师特色的形成，实现师资队伍结构的整体优化和水平的实质性提升。

在高职院校发展过程中，必须注意学院的发展规模定位。追求发展规模，必须是有效益的发展规模，不仅包括规模效益，还包括质量效益。有一定规模，才可能产生规模效益。高职院校发展规模必须考虑两个要素，一是区域生产力发展的水平；二是就业市场需求水平。

第四节　高等职业教育发展所面临的问题及其解决对策

一、高等职业教育发展所面临的问题

在高等职业教育取得重大发展的同时，也还存在着诸多问题，这些问题有些来自外部环境，有些潜伏在体制内部。具体而言，高等职业教育发展所面临的问题主要有以下几方面。

（一）办学指导思想不明确

在处理教学工作和学校其他工作的关系上，个别高职院校不能够坚持以教学为中心；在处理规模、结构、质量、效益的关系上，不能够坚持以质量为核心协调发展；学校经费没有逐年增长，与传统普通高校相比，高职院校办学指导思想不明确是影响高等职业教育办学特色和质量最重要的原因之一。

（二）缺乏鲜明的办学特色

办学特色是办学质量的灵魂，没有高等职业教育特色，就没有高等职业教育质量。高等职业学校的特色应当突出体现在教学上的职业特点和学生职业技能的培养上。但因受设备不足、教材陈旧和师资短缺等因素的制约，以及受传统的教学方法的影响，目前许多高等职业学校办学的职业特色并不明显，仍然没有摆脱"满堂灌""唯笔试"的束缚，有的学校在强调实践方面甚至还不如中等职业学校。

（三）办学目标单一

我国高等职业教育的办学目标是提供两年制终结性高等职业技术教育和普通高等教育，以培养适应生产、建设、管理、服务第一线需要的高等技术应用性专门人才。按照这一办学目标，绝大多数高职高专的学生，毕业后立即进入劳动力市场，寻找就业机会。这种以就业为导向的单一的办学目标，难以为学生提供更多的选择机会和发展途径。

（四）重视学历教育，轻视技能培训的非学历教育

由于观念、体制、办学目标、评价机制等多方面因素的影响，相当数量的高职院校还不能实现从计划培养向市场驱动转变，对短期培训和职业资格证书教育的积极引入和市场开发力度不够，因而在不同程度上影响了自身发展。高职院校的单一性不符合我国社会经济发展的客观需要，严重影响和制约着我国高等职业教育的健康发展。

（五）教育功能单一，缺乏多元化综合发展的活力

在我国高职院校的办学实践中，有些学校的专业和课程设置依然热衷于追求普通高等教育课程的系统性和理论性，往往把专科教育办成"压缩饼干"的本科教育，办学路子越走越窄；有些学校片面强调职业化所需要的实际技能和知识，忽视学生人文素质的培养，开设的专业和课程缺乏人文社会科学和相关基础学科的支撑；"专升本"教育被放在次要的从属地位。总之，我国高职院校的各功能之间缺乏有机的整合，没有真正做到高等职业教育、高等专科教育和成人高等教育三教统筹，协调发展。自《职业教育法》颁布实施以来，我国高职院校的职业教育改革已经取得了明显的成果。在法律、法规和政策指导下，经过多年的理论和实践探索，我国高职院校已经确定了明确的人才培养目标：适应生产、建设、管理、服务第一线需要；适应社会需要等。这对于指导高职院校的健康发展发挥了十分重要的作用。但它仅仅局限于职业教育领域，而忽略了高职院校可能承担其他教育功能和办学目标。

（六）规模与水平不适应

随着我国现代化步伐的明显加快，企业产品的不断更新换代，生产领域的科技含量和资金密集程度也随之提高，对高规格、高层次的生产第一线应用型人才需求尤其强烈。从数量上看，目前这类人才严重短缺。然而，一些职业高校，不顾专业成熟的规律，在不具备办学条件的情况下，不断调整和开办新的专业，严重影响了办学水平和毕业生质量。

（七）高等职业教育与其他层次类型的教育衔接沟通不够

我国现有的职业教育从规模、结构来看，办学形式多样，但缺乏有机的联系。中职教育与高等职业教育沟通不足，从事高等职业教育的院校之间也缺乏联系，更为不利的是高职专科教育成了终结性教育。整个职业教育体系中存在"两头小，中间大"的不合理格局。高等职业教育与普通高等教育之间各自封闭，自成体系。

二、高等职业教育发展对策

应对我国高等职业教育发展面临的问题，我们应该着力做好以下工作。

（一）加强对职业教育的宏观调控力度

政府在职业教育发展过程中主要起宏观指导、统筹协调和财政支持等作用。加大职业教育立法、执法力度是政府发挥宏观调控作用的主要途径。为此，各级政府应建立起以就业为导向、服务市场经济、满足人民群众终身学习需要的职业教育决策、管理、质量监控评估体系；加大职前、职后与培训的互相沟通。

（二）明确高等职业教育办学定位

首先，要突出办学特色。高职院校必须根据社会需求和自身实力等情况，在培养层次、学科特色、服务领域等方面正确定位，形成多元化、多样化的办学特色和办学模式。其次，高等职业教育要与普通本科教育各安其位，实行错位发展。最后，高等职业教育要立足现实，夯实专科层次的基础。当然，高等职业教育作为一种教育类型，应有专科、本科、研究生等几个层次。

（三）调整高职院校的专业结构

通过调整专业结构，高职学院第一、二、三产业类专业设置要基本符合我国产业结构调整和经济振兴的需要，重点加强第二产业类的专业建设。首先，在高等职业学校调整和发展过程中，要优先考虑具有优势的以重工业和石化工业为主的制造类学校的发展，确保这些学校的资源不流失。其次，重点加大对制造类专业及学校建设的投入。最后，积极探索培养人才新模式，根据专业要求开展"订单"式培养和采取"企业冠名班"模式。

（四）多渠道筹集资金，加强实习、实训基地的建设

培养高技能人才必须有良好的实训条件。加强实训基地的建设是提高高职教学质量，解决高技能人才培养"瓶颈"的关键措施。高等职业教育是高成本教育，除了需要普通高等教育所需要的基本办学条件，还需要建设与现代生产技术水平相适应的实验、实习、实训设施。

（五）建设高素质的"双师型"教师队伍

高等职业教育要培养高技能人才，最关键的因素是师资水平。高职院校的师资水平不同于本科院校，它不仅要求教师有一定的学术水平，更要有较强的职业能力。政策的调整必将加快高职院校"双师型"教师队伍建设。培养高技能教师：一是要鼓励、引导高职教师树立新的教育观、人才观和知识观，二是对现有教师资源进行开发和整合，三是拓宽"双师型"教师来源渠道。

（六）加快推进学历证书与职业资格证书互通

要积极探索学历证书与职业资格证书互通的有效机制。一方面，职业院校的专业课程内容要逐步得到职业资格鉴定机构的认可。高职学校按照新的专业教学标准调整教学计划与课程内容，加强技能培训，以有效促进教学模式转型，适应劳动力市场需求，提高学生的职业适应能力和就业竞争能力。另一方面，高职学校专业教学中与职业资格认证相关的课程考核，要主动请职业资格认证部门参与监控，以保证职业资格鉴定的有效性和权威性。

第五节　高等职业教育发展进入新时期

当前，我国经济增长转入中高速，传统制造业由自动化渐渐升级到

智能化,出现了"互联网+"、大数据人工智能等科技新趋势。2019年3月,党和政府首次提出要对高职院校实施扩招,提出让更多青年凭借一技之长实现人生价值。由此,高等职业教育发展进入新时期,新时代新背景也对高等职业教育提出了诸多新要求。

一、经济增长转入中高速和产业升级

我国经济从1978年到2011年,在长达32年的时间里保持了年均9.78%的高速增长。在如此长的时间跨度内,能够实现接近两位数的高速增长,取得了举世瞩目的成就。2012年至2015年国内生产总值分别增长7.7%、7.7%、7.4%、6.9%,2016年至2018年国内生产总值分别增长6.7%、6.9%、6.6%。可以看出,经济由高速增长向中高速增长转换的新常态是一个客观事实。

尽管经济增速放缓,但在稳增长、调结构、推进供给侧结构性改革的综合作用下,经济仍然保持在合理区间。经济新常态下,中国经济结构优化升级,发展前景更加稳定。2018年,全年国内生产总值900309亿元,比上年增长6.6%。其中,第一产业增加值64734亿元,增长3.5%;第二产业增加值366001亿元,增长5.8%;第三产业增加值469575亿元,增长7.6%。第一产业增加值占国内生产总值的比重为7.2%,第二产业增加值比重为40.7%,第三产业增加值比重为52.2%。全年最终消费支出对国内生产总值增长的贡献率为76.2%。这些数据表明,中国经济结构正在发生深刻变化,质量更好,结构更优。

随着科学技术的发展和劳动生产率的提高,第一产业的就业容量不断下降,第二产业的就业容量由过去逐步上升转变为缓慢下降,第三产业的就业容量则急剧增大,把发展第三产业作为就业的主要途径,这是社会化大生产发展以及世界各国就业结构变化的共同趋势。我国社会主义经济建设和劳动就业的发展,也同样要遵循这一客观规律。在全面建设小康社会的过程中,第三产业的发展为高职生求职就业提供了广阔的天地。高等职业教育要获得持续的发展动力,应该在人才培养方面注重第三产业相关专业的设置。

二、"互联网+"产业新形态

"互联网+"是对创新 2.0 时代新一代信息技术与创新 2.0 相互作用共同演化推进经济社会发展新形态的高度概括。"互联网+"就是"互联网+各个传统行业",但这并不是简单的两者相加,而是利用信息通信技术以及互联网平台,让互联网与传统行业进行深度融合,创造新的发展生态,当前大众耳熟能详的电子商务、互联网金融、在线旅游、在线影视、在线房产等行业都是"互联网+"的杰作。2015 年 7 月,国务院印发了《关于积极推进"互联网+"行动的指导意见》,明确了未来三年以及十年的发展目标,明确推进"互联网+",促进创业创新、协同制造、现代农业、智慧能源、普惠金融、公共服务、高效物流、电子商务、便捷交通、绿色生态、人工智能等若干能形成新产业模式的重点领域发展目标任务,并确定了相关支持措施。

新的发展时代下,高等职业教育的命题主要是要在重视"互联网+"的前提之下,适应以及用好"互联网+",并将其作为推动高等职业教育发展的重要工具。而要真正发展"互联网+"的作用主要从以下几个方面着手。

第一个是要做到不断的完善制度标准。"互联网+"这一个"+"的符号就是意味着在传统的行业之中加入互联网的元素,促进传统行业不断发展和改革,创造出一种适应时代发展的新的产业模式。高等职业教育要在新的时代下实现更高的发展,首先就需要制定能符合"互联网+"的各个方面要求的一些制度标准,这些制度包括了校园文化制度标准、教师教育技能标准以及教育教学资源开发标准等方面的内容。只有不断将"互联网+"发展的新要求与教育教学充分的结合在一起,才能培养出高质量的人才。

第二个就是要开发优质的教学资源。"互联网+"能够更好地推进资源的共享以及开发,能够使得不同的校园之间以及不同区域之间合理地配置资源。高等职业教育也需要不断地发展自身资源开发的新模式,利用各种资源,调整和改革现有的专业,从而获得更大的发展。

第三个是要系统的培养人才。随着现阶段信息技术不断进入各个行业,要培养符合"互联网+"的专业技能型人才,不仅要求其具备较高的职业素质,同时也要求其具备一定的专业技能。

第四个是要不断创新培养模式。高等职业教育应该不断发展和创新人才培养的模式,将信息技术的发展与教育教学的各个方面紧密结合,从而在实习实训、职业竞赛、案例分析以及鉴定等方面,不断提高和发展,并与企业进行长期的合作,提升"互联网+"的时代之下各个专业学生的职业能力以及信息素养。

"互联网+"既是一种技术上的变革同时也是思维上的变革。互联网技术的发展改变了人们的思维方式,更加颠覆人们的传统思维模式,反而极力推崇简约思维、用户思维、流量思维、大数据思维以及平台思维和社会化思维等。用户思维作为互联网发展思维的核心部分,对高等职业教育的发展提出了新的要求和挑战,因为在这种思维之下的所有的教育对象不再像以前一样是被动的知识接受者,而是知识的主动学习者,同时也对信息的分享以及传播起着重要的作用。在"互联网+"时代背景下,高等职业教育发展必须要坚持以学生为核心对教育教学方法进行重新改革和完善。

三、大数据、人工智能

一开始,大数据被描述为更新网络搜索索引需要同时进行批量处理或分析的大量数据集。后来,大数据还涵盖了处理数据的速度。我们可以这样理解,大数据或称巨量资料,指的是所涉及的资料量规模巨大到无法通过目前主流软件工具,在合理时间内达到撷取、管理、处理并整理成为帮助企业经营决策更积极目的的资讯。进一步来说,"大数据"是一个体量特别大,数据类别特别大的数据集,并且这样的数据集无法用传统数据库工具对其内容进行抓取、管理和处理。随着技术的不断发展,符合大数据标准的数据集容量也会增长;并且对于不同行业也有所不同,这依赖于一个特定行业通常使用何种软件和数据集有多大。

大数据时代,数据衡量度向纵深定义,数据规模蓬勃发展。同时,需要分析处理的数据类型也正在不断扩展,人们从传统的结构化数据(二维表数据)向越来越多原先无法用常规软件深化分析的非结构化数据扩展,如文本、图形、语音、视频等随着互联网中各种应用不断涌现,诸如社交网络、电子商务、众包平台、位置服务等,非结构化数据的增长远快于结构化数据的增长。不断发展的信息技术和方法,使人们的视野、能力进入更广更深的领域。大数据是信息技术与专业技术、信息技术产业与各行业紧密融合的典型领域,有着旺盛的应用需求、广阔的应用前景。基于互联网技术而发展起来的"大数据"应用,将会对人们的生产、生活产生颠覆性影响。数据的挖掘和分析只是整个变革过程中的一个技术手段,而远非变革的全部。对于工业生产来说,"大数据"的本质是基于互联网基础上的信息化应用,其真正的"魔力"在于信息化与工业化的融合,使工业制造的生产效率得到大规模提升。简而言之,"大数据"并不能生产出新的物质产品,也不能创造出新的市场需求,但能够让生产力大幅提升。

在"大数据"时代,"教育服务供货商"将急剧增加,在线或虚拟教育、企业大学或培训将冲击我们的高职院校,继续教育的需求量将急剧增加,国外的优质教育资源通过办分校、与国内大学联合办学或开办网络虚拟大学等形式大量涌入,要避免"赢家通吃"的危险。新技术对教学造成的冲击,要求高等职业教育的教学模式必须适应信息时代提出的反转式课堂、游戏化学习、分散互助学习的需要,同时适应"大数据"时代培养大量创业人才的需要。

人工智能是计算机科学的一个分支,它企图了解智能的实质,并生产出一种新的能以人类智能相似的方式做出反应的智能机器,该领域的研究包括机器人、语言识别、图像识别、自然语言处理和专家系统等。人工智能从诞生以来,理论和技术日益成熟,应用领域也不断扩大,可以设想,未来人工智能带来的科技产品,将会是人类智慧的"容器"。教育的根本任务,就在于根据人的智能结构和智能类型,采取合适的培养模式,发现人的价值、挖掘人的潜能、发展人的个性。对于高职学生来讲,传统计算机教学中教师在软件课程的教学过程中往往重视抽象思维,忽视形象思维的培养,致使课堂教学普遍存在枯燥、乏味和抽象、难懂的现象。就业导向的高等职业教育不仅要着眼于学生的就业又要为学生的发展打下坚实基础,在教学中就必须树立基于能力本位的教育观。从人工智能对社会就业的冲击,可以看出,在未来高职院校的人才培养中应该从培养"蓝领"人才向培养应用型创新人才转型。高等职业教育的重心应该是培养学生终身学习的能力和个人职业综合素养。

四、国家要求高职大扩招

第十三届全国人大二次会议审议的政府工作报告提出,改革完善高职院校考试招生办法,鼓励更多应届高中毕业生和退役军人、下岗职工、农民工等报考。据统计，2018 年，全国有职业院校 1.17 万所，年招生 928.24 万人，在校生 2685.54 万人。在现代制造业、新兴产业中，新增从业人员 70% 以上来自职业院校。职业教育已经具备了大规模培养技术技能人才的能力，为国家经济社会发展提供了不可或缺的人力资源支撑。

高职大扩招，预示着职业教育的一场"大变革"。高职扩招不仅要改革招生制度，还要大力改革办学、教学体制，更要大力改革职业院校的管理体制机制，包括人事制度、工资制度、激励机制等。最关键的是要把职业教育激活。

高职院校要未雨绸缪，在办学体制机制改革、专业结构调整、人才培养模式和评价机制改革等方面进行深入研究，除了高职院校的办学更加自主，招生形式逐步向"自主申请""随时注册"等转变，人才培养也要从以学校"安排"内容为主，逐步向学生主动"申请"内容转变，让起点各异、目标有别、出路不同的各类学生，都能在具有职教特点的环境中顺利完成学业。

第六节　高等职业教育的可持续发展

随着经济和社会的不断发展，人们对高等职业教育的需求日益增加，高等职业教育的大规模扩张也带来了教育教学资源的紧张，从而使教育教学质量在一定程度上良莠不齐，过度扩张会使高等职业教育发展面临尴尬处境，必须重视高等职业教育可持续发展。

一、高等职业教育可持续发展的内涵

1992 年联合国环境与发展大会上，世界各国一致认为可持续发展是指"既能满足当代人的需求又不危及后代人，满足其需求能力的发展"。可持续发展的核心是发展，方式是可持续，必须把核心与方式有机结合，才能形成可持续发展。可持续发展的出发点和落脚点是发展，发展的状态则是可持续,而非短暂、间歇或者阶段性的方式。

2015年9月25日,联合国可持续发展峰会通过"在2030年可持续发展译成框架内开展可持续发展教育"决议,七十七集团和中国提出的联合国大会在《2030年可持续发展议程》框架内的《可持续发展教育决议》呼吁国际社会扩大可持续发展教育的规模,以实现《2030年可持续发展议程》。

《2030年可持续发展议程》系统规划了未来世界可持续发展的蓝图,设立了17个大目标、169项子目标,涉及经济发展、社会进步、环境保护三个发面,涵盖了消除贫困饥饿、健康、教育、水域环境卫生、能源、气候变化等多个领域。其中,《2030年可持续发展议程》中与职业教育相关的有两个目标,分别为"保包容性和公平的优质教育,促进全民享有终身学习机会""促进持久、包容性和可持续的经济增长,促进实现充分和生产性就业及人人有体面工作"。在这两个目标的框架下,要求世界各国面向全民提供公平、包容性的职业教育机会,增加有恰当就业和创业能力的青年和成年人数量;要求职业教育与培训机构要进一步扩大高质量的技能人才供给,确保所提供的技能既适应工作实际的需要,又有利于促进终身学习。

《2030年可持续发展议程》的核心内容是通过资源利用、发展方式、发展路径等方面的改革,促进全球经济和社会向可持续增长的方式转型,核心是通过全面普及绿色发展理念,积极推动绿色经济和绿色就业的发展,促进整个社会实现可持续发展的永续发展的目标。就这一角度而言,作为与经济、产业和就业紧密相关的教育类型,职业教育体系要以一种更加广泛的方式支持和促进所有可持续发展目标的实现,即实现整个职业教育的绿化。首先,职业教育要从可持续发展的总体要求出发,将可持续发展的基本理念、实践原则和价值观等纳入职业教育的政策发展、教育治理、人才培养、学校运行的各个方面。其次,职业教育要从绿色经济、绿色产业和绿色就业发展的需求出发,培养适应绿色经济发展和产业转型需要的人才。

就高等职业教育可持续发展而言,要着重从构成要素考虑,这些要素包括高等职业院校可持续发展、培养人才的具体专业可持续发展、课程设置及内容可持续发展、"双师型"师资队伍可持续发展、产学结合可持续发展、社会服务可持续发展以及高职院校文化可持续发展。各要素的基本内涵有机整合不断完善,最终可以实现高等职业教育的可持续发展。

高等职业教育的发展是经济社会发展的必然要求,高等职业教育发展是受到学生、家长和用人单位积极评价和认可的。高等职业教育的发展从宏观层面得到国家在政策、资金、师资等方面的大力支持,改革开放以来我国的经济得到了迅猛的发展,作为实体经济重要支撑的高等职业教育发展不仅可行,而且势在必行。从微观层面看,大量高素质技能型专门人才的培养需要高等职业教育,企事业单位的工作岗位需要高素质技能型专门人才。

二、高等职业教育可持续发展体系主要内容

高等职业教育可持续发展体系应当是有力支撑高等职业教育在院校办学、专业建设、课程设计、师资队伍拓展、校企合作、社会服务等重要方面形成有机协调,彼此相互支撑,共同促进高等职业教育不断进步的可持续的发展系统。高等职业教育可持续发展体系主要内容包括院校可持续发展、专业可持续发展、课程可持续发展、师资队伍可持续发展、产学结合可持续发展和社会服务可持续发展。

（一）院校可持续发展

高职院校的可持续发展主要是指高职院校坚持以人为本,遵循教育发展的客观规律,正确处理院校自身发展与经济社会发展的相互关系,构建可持续发展的运行机制。可持续发展包括以下三个方面:一是要全面推进高职院校创新,包括教育实践创新、管理体制创新、教育观念创新等各个方面,二是以人为本,三是坚持高职院校的全面、协调发展。高职院校工作的各个方面只有相互适应、全面发展才能保证院校发展的持久性。同时,始终以可持续发展的思想指导高职院校建设,强化政府投入和企业、行业参与,构建良好的外部政策环境。

（二）专业可持续发展

专业是高等职业教育培养技能型人才的载体,是服务区域经济的纽

带。高职院校专业的持续发展就构成要素而言,包括专业的内涵、质量、口径等;就专业关系而言,是建立在专业内涵基础上专业间的构成状态;就专业结构优化而言,就是通过增减专业种类和数量、调整专业比例和布局、创建专业品牌和特色,不断满足产业结构需要的优化过程。高等职业教育是提升劳动力素质的主渠道,高职院校的专业建设对改善高技能应用型人才结构起着基础性作用。高等职业教育专业转型和结构优化以适应我国产业结构调整和经济发展需要为目标,必须通过调整专业数量、层次、规模、质量以及科技服务来体现。高职院校应该建立专业设置与市场联动机制,专业建设过程体现协调发展机制,按专业建设要求进行人、财、物综合投入。

（三）课程可持续发展

课程是高等职业院校组织教学的核心和重点。课程质量是保证和提高教育质量的基础和前提。课程能否可持续发展关系到专业建设和人才培养目标能否可持续发展,关系着学校能否培养出适应社会、经济需要的人才。课程可持续发展分为两个方面：一方面是课程体系的可持续发展,即根据社会、经济发展的需要,根据人才需求、职业要求等现实条件,构建一个合理、完备的,并能随时完善、调整、提高的知识架构;另一方面则是每一门具体课程的可持续发展,涉及课程理念、课程内容、师资配备、教学条件和教学方法的运用。高等职业教育者要树立课程可持续发展的理念,将课程内容中涉及的理论与实践相结合,坚持不懈地进行课程体系及课程的改革,坚持不懈地加强教师队伍。

（四）师资队伍可持续发展

做强高等职业教育,其核心的理念是可持续发展,而高等职业教育的可持续发展,又是围绕人的可持续发展。人的可持续发展既是围绕高等职业教育的人才规格、经济社会建设第一线人才的成长成才展开的,也是围绕开展高等职业教育的教师队伍的建设而展开的。在高等职业学校中,教师是主体,教师队伍的发展状态直接决定着学校的发展活力。师资队伍可持续发展必须建立科学的"双师型"教师队伍管理机制,建立合理的教师流动机制。

（五）产学结合可持续发展

职业教育与社会、企业之间的密切联系，是教育与经济、科技的重要结合点，是把人力资源转化为人力资本优势，把人力资本优势转化为现实生产力的重要桥梁。产学结合是高职人才培养中既符合职业教育规律又适应人才市场需求的办学模式，是国际职教界公认的应用型人才培养的有效途径。目前校企合作仍存在一些问题，如职业院校对产学结合的认识不足，职业院校专业设置缺少企业参与，存在滞后性，职业院校教学改革与课程体系开发不够灵活等。解决这些问题，从可持续发展的角度出发，高职院校产学结合可持续发展必须形成持续创新态势、创新产学结合机制和保障机制。

（六）社会服务可持续发展

高等职业教育的三大基本职能是"人才培养、科学研究与社会服务"，其中的"社会服务"因与高等职业教育的产生有着密切关系，而成为高职院校职能中变化最为显著的一个。社会服务工作出色的高职院校，关键是发挥了职业教育为地区经济发展和人才培养服务的优势，在与政府、企业的合作中，规范运作，互利共赢，得到了社会和各方的广泛支持，从而走上了一条可持续发展的社会服务之路。

三、高等职业教育可持续发展面临的挑战

我国的高等职业院校发展起步晚、发展快，短时间内取得了令人瞩目的成绩，但在其发展过程中也存在着一些不足。比如，高职院校发展不平衡，院校培养目标及专业不能适应转型升级的要求，部分高等职业院校定位和办学特色还有待进一步明确，在办学形式上有些高职院校忽略办学宗旨，有些高职院校忽略区域经济文化特点等问题，都给高职院校的可持续发展带来了挑战。

（1）高职院校发展不平衡的挑战。随着规模的扩大，办学资源积累不足和教学基础设施落后的问题就凸显出来。对于经济欠发达地区的普通高职院校而言，这一问题尤其突出。相对经济欠发达地区高职院校而言，经济发达地区的高职院校如北京、上海、广东、浙江等地，由于整

体环境优良,能够吸引和吸收大量优秀师资力量,政府和企业支持教育事业力度较大,发展势头明显好于其他地区。这种格局如果长期保持并延续下去,就会更加拉大发达地区与欠发达地区之间高职院校发展的差距,不利于高职院校的和谐、可持续发展。

(2)部分高职院校培养目标和专业设置与我国与产业转型升级需求相脱节的挑战。虽然近年来高职院校的规格和档次有了一定的提高,但是与国外著名高职院校相比,还存在许多差距,不能完全适应未来高科技产业发展的要求。另外,部分高职院校培养目标仍不明确,所设专业与产业转型升级需求相脱节。部分高职院校对人才的知识、能力、素质结构虽然有了一定的定位,但在具体讲授过程中由于与目标相脱节,导致没有确定的专业特长。

(3)提升内涵建设、突出高职院校特色方面的挑战。办学特色是高职院校坚持独特的办学方向,通过对自身办学项目建设的长期积累、丰富和优化,达到既有利于自身生存和发展,同时促进社会发展与进步的目标过程中形成的某一方面特别优于其他方面,也特别优于其他学校的独特品质。国家启动示范性高职院校建设工程和国家骨干高职院校建设工程的主导思想是探索具有中国特色的高等职业教育发展道路。但是现在一些院校存在着单纯照搬德国、英国或澳大利亚等某些国家职业教育模式,根本不考虑自己的国情、省情和校情,由此也就给高职院校的可持续发展带来了挑战。

(4)管理体制、机制的滞后带来的挑战。我国教育体制属于"中央集权制",高职院校内部由于缺乏办学自主权,其发展往往是在中央和各级政府的严格制度框架内进行的。学校缺乏独立自主的发展空间,教师没有独立自主发展的可能性,广大基层教师、员工以及学生的民主监督权力、制衡作用发挥不足,这就压抑了制度创新主体的积极性。

其他方面的挑战还有生源方面的挑战,实训设施建设方面的挑战,资格证书认证以及"课证融合"方面的挑战等。

四、高等职业教育可持续发展的对策建议

(一)始终以可持续发展的思想指导高职院校建设

高职院校可持续发展可以从两方面来理解:第一,高职院校自身的发展，即保持高职院校自身的持续发展的生机和活力，既注意高职院校内部结构、规模协调发展，又处理与外部环境如人口、政策、资源、经济等方面的协调发展；第二，人的发展的可持续性，即高职院校培养具有可持续发展能力的高技能人才，把可持续发展与终身教育结合起来，强调人在各个不同阶段受教育和进行自我教育的能力，以实现高技能人才的持续教育和持续学习。

（二）强化政府投入和企业、行业参与，构建良好的外部政策环境

世界高等职业教育发展的成功经验表明，只有政府的高度重视和支持，高职院校才能获得健康可持续发展。对于教育这种准公共物品来说，市场机制的调节常会出现"市场失灵"现象，此时政府在加强宏观调控、规范市场行为、协调各方利益等方面能够起到市场所无法替代的重要作用。首先，政府要营造高职发展的良好氛围，提高社会对高等职业教育的信任度。政府要狠抓对发展高职院校重大意义的认识，彻底转变轻视高等职业教育，认为高职生源差、就业差的观念。政府要把大力发展职业教育作为推动地方经济社会发展的重要途径，努力构建和完善与经济社会发展形成良性互动关系、充满生机和活力的职业教育体系。此外，各级政府应制定和落实一系列优惠政策和措施，坚持高等职业教育与普通高等教育、公办高职院校与民办高职院校"并存、并容、并重"。其次，还是要继续加强法规建设。最后，就示范校建设和骨干校建设而言，教育部、财政部不仅要抓示范校建设和骨干校建设工作，更要抓省市教育行政部门和相关政府部门在示范校建设和骨干校建设中所应承担的指导、检查、督察以及政策支持和资金配套工作。

全球化背景下的校企深度融合是一场意义深远的高等职业教育的革命。实施校企深度融合包括专职教师和兼职教师融合、教学标准与技术标准融合、教室与工场融合、学员与员工融合、毕业标准和用人标准融合，企业文化与校园文化的融合等方面。

（三）提升高职院校内涵核心竞争力，实现高职院校可持续发展

要实现高职院校可持续发展，除了要构建良好的外部政策环境，高职院校则要注重内涵建设，只有努力提升自身的综合实力，才能为实现

自身的可持续发展打好根基：一方面，要积极促进发展模式的转变，着力改变以往那种盲目追求扩张规模的发展道路，向注重质量和调整结构转变，推进特色办学；另一方面，要高度重视软实力培育。高职院校要不断推进教学质量和科研质量的提升，增强自身软实力，只有这样，才可能有效进行可持续发展：第一，先进准确的办学理念是前提；第二，动态优化的专业结构是基础；第三，能力本位的课程设置是关键；第四，结构合理的"双师型"队伍是保障；第五，鲜明独特的办学特色是核心；第六，合作共赢的战略联盟是趋势。

第二章 定位明确：高等职业教育的办学定位分析

我国的高等职业教育从初具雏形的时候就一直没有离开过"定位"这个问题。改革开放以来，我国高等职业教育的规模得到了飞速的拓展，高职院校得到了长足的发展，改革成效硕果累累。但是，随着普通高等院校应用型人才培养改革的日益深化以及现代职业教育体系的构建，高等职业教育的定位变得尴尬，其办学定位和培养目标有待进一步的明确。本章即从高等职业教育办学定位的含义与理论基础、高等职业教育办学定位的影响因素以及应遵循的原则、我国高等职业教育办学定位的发展变迁、积极促进我国高等职业教育办学定位的合理化几个方面来分析高等职业教育的办学定位。

第一节 高等职业教育办学定位的含义与理论基础

一、高等职业教育办学定位的含义

（一）高等职业教育办学定位的基本含义

《现代汉语词典》中关于定位的解释有两个：第一是指用仪器对物体所在的位置进行测量，第二是指经测量后确定的位置。这是"定位"的本义。

《辞海》对定位的解释是指在加工、测量工件或装配零部件时，把工件或零部件上已定的基准安放在机床、夹具或其他零部件相应的表面上，以确定其准确位置的过程。

在本书中，我们使用的是定位的引申义，即在整个社会系统和教育体系中，来考察和确定高等职业教育适合的位置。高等职业教育办学定位具体而言就是办学者要在社会发展和教育体系中找到适合自己的发展空间，并且明确自身院校的发展方向和活动行为。高等职业教育办学定位有两个层面：一个是高等职业教育定位，指的是宏观上的高等职业教育办学定位概念；另一个是高职院校办学定位，指的是微观意义上的高等职业教育办学定位。

（二）高等职业教育定位的含义

高等职业教育定位是指国家及政府教育行政主管部门依据国家和社会发展状况以及相关人才需求，通过有效的法律政策安排对一个国家或地区的高等职业教育进行宏观调控和引导，对高等职业教育的功能和地位、作用和任务进行宏观规划和指导管理的活动。它一般涉及国家或区域高等职业教育的发展理念、原则、目标、类型、层次、规模、布局等方面内容。高等职业教育定位实际上是一个国家或地区高等职业教育对自身理想状态的一种追求，同时也是作为一种社会教育形态的发展趋势的集中呈现，在很大程度上回应了社会经济发展和公众的一种期盼。

高等职业教育定位一般包括一个国家或地区高等职业教育作为国家上层建筑的组成部分在经济社会发展中的战略地位与作用定位、发展目标定位以及作为一种教育类型在整个教育体系中的现实地位与作用定位及其发展目标定位。

（三）高等职业院校办学定位的含义

高职院校办学定位是指高职院校的举办者或办学者根据学校自身办学条件，适应区域经济社会发展和行业发展及相关人才培养的需求，通过有效的制度安排对一所高职院校的办学发展及其教育教学功能和地位、作用与任务等进行规划和管理的活动。它一般涉及一所高职院校的办学发展理念、发展目标、办学类型、办学层次、办学规模、办学特色等方面的内容。高职院校办学定位实际上是一所高职院校对自身办学理想状态的一种追求,也是作为一种社会教育机构的发展趋势的个性呈现,在很大程度上回应了区域社会经济或行业发展和特定求学群体的一种期盼。

高职院校办学定位一般包括一所高职院校作为社会上层建筑组织的一分子在区域地方社会经济或行业发展中的地位与作用定位、发展目标定位以及作为一所学校在一定范围的教育体系中的现实地位与作用定位及发展目标定位。

二、高等职业教育办学定位的理论基础

（一）系统理论

世界上任何事物都不是孤立存在的,而是整个系统中的有机组成部分,事物与事物之间都相互联系、相互制约。教育系统是社会大系统的一部分,每一所学校都是整个教育系统的一部分,而每一所高职院校自然也是整个高等教育系统或职业教育系统的一部分。作为整个教育系统中的一个子系统,高等职业教育具有一般教育系统的特性,同时具有子系统相对的独立性和自身特征。

高等职业教育作为一个相对独立的教育子系统,具有自身的系统结构与功能。合理的高等职业教育结构的形成及其与其他系统的稳定融合,是高等职业教育系统功能存在并积极发挥作用的基础;同时,如果高等职业教育系统的功能不能适应社会经济或行业环境的变化,也会促使高等职业教育系统结构进化,或迫使系统结构衰退。高等职业教育作为教育系统及社会系统的一个基本系统网络节点、高职院校作为高等教育或职业教育系统的基本单元,若不主动适应区域地方或行业环境变化,不断进行内部结构的自我调整,就会被社会大系统淘汰。因此,高等职业教育及其高职院校必须在社会宏观系统和微观系统中找到自己的合理位置,寻求自身发展的准确定位,以利于自身功能的充分发挥。

（二）定位理论

20世纪60年代,美国广告经理人里斯和特劳特首次提出了"产品定位"这一推销广告概念,认为定位就是对公司的产品进行设计,从而

能在目标顾客心目中占有一个独特的、有价值的位置的行动。之后学者们又不断对定位理论做了修正和完善。

定位理论认为,定位是战略,定位统摄所有的市场策略,即各种市场策略如公关策略、广告策略等只有以定位为依据,不偏离定位的方向和精神方能协同一致、产生合力、击中目标;定位一般是选择具有定位战略优势差异的过程,即根据自身资源、竞争状况及目标对象心理,选择具有战略优势的差异,并以之作为定位提示的内容,以合宜的表达方式和传播途径沟通到目标对象的心里,它可分为定位战略选择过程和定位战略实施过程。

定位理论发展到今天,已经突破广告领域,由广告定位发展到营销策略定位再到企业战略定位以及其他组织的发展定位。这为高等职业教育办学定位的研究思考又提供了一个可资借鉴的理论视角。

(三)高等学校社会职能理论

从高等学校发展的历史看,高等学校最初的活动与知识的传播及掌握相关,其社会职能是传授知识、培养社会上的思想精英,即为社会培养官吏、牧师、法官和医生,教学是大学的唯一功能。在后来的发展中,社会服务又逐渐成为大学的新增功能,特别是在高等教育迅速发展的美国,大学的社会服务职能越来越受到重视。有学者提出,由于知识的爆炸及社会各行各业发展对知识的依赖和需要,大学已成为社会的"服务站"。

一般认为,高等学校具有教学、科学研究和社会服务三大社会职能,但具体到每一所高等学校,其所承担的职能及其作用的发挥又呈现出不同的类型差异和学校特点或特色,如有的偏重科学研究职能,主要培养学术型、研究型人才;有的偏重教学职能,主要培养应用型人才;而有的偏重社会服务职能,强调培养应用型、职业型人才,等等。因而,高等学校多重性的社会职能及其侧重追求的差异选择必然产生不同的高校发展方向和发展空间,这直接影响着一所高职院校的办学定位。

(四)高等学校分层地位理论

由于社会分工的需要,加之高等教育从精英教育走向大众化教育的趋势,高等教育越来越呈现出多层次、多样化的发展势态,高等学校的多层构成成为现代大学体系的基本特征。而高等学校的层次地位受到客观方面和主观方面的影响,影响高等学校层次地位形成的客观原因,在很大程度上来自内部的差异,如声誉、名望等,其主观原因则是来自政府分配给各院校的职能、权利和资源的差异。

高等学校的层次地位差异是历史沉淀的结果,并且一直维持着相对的稳定,这种稳定性本身就是高等教育与社会各种力量相互作用的结果。高等学校之间一直保持着不同的层次地位,反映着不同的社会分工,承担着不同的教育使命。这说明多样化、多层次的高等学校有其存在的客观依据,它是高等教育发展中社会分工的需要,不同层次的高等学校在精英教育和大众化教育中扮演着不同的角色,可以相互协调、共同发展。

第二节　高等职业教育办学定位的影响
因素以及应遵循的原则

一、高等职业教育办学定位的影响因素

高等职业教育办学定位会受到诸多因素的影响,可分为高等职业教育定位的影响因素和高等职业院校办学定位的影响因素两大类,每一类中均包括既有区别又有联系的若干因素。

（一）高等职业教育定位的影响因素

1. 国家社会经济发展及其对教育的需求

我国在相当长的时期内仍处于社会主义的初级阶段,经济社会发展不平衡,城乡差异、区域差异、行业差异明显,民众生活水平总体上刚解决温饱问题,国家正向全面建设小康社会、和谐社会的中国特色社会主义市场经济、政治、文化体制过渡转型发展。而当今世界又处在经济全

球化、价值多元化、知识信息化、教育国际化、人才资源配置市场化的时代。国家经济社会发展状态及发展趋势必然对各类人才的总量及其结构提出需求,高等职业教育的存在与发展必须适应这种需求,寻求自身作为一种重要教育力量在国家建设中所处的战略地位和发展方向,明确自身在经济社会发展中肩负的责任和应该发挥的作用。离开国家建设需要、脱离经济社会发展需求,高等职业教育作为一种教育形态将无法生存或失去发展的根基,更谈不上自身的价值和发展的定位。

2. 国家发展规划的安排和政策引导

国家的经济社会发展规划及教育发展规划、所实施的教育管理体制及制定的教育政策也会严重影响高等职业教育的发展和定位。在很大程度上,国家发展规划及有关的政策安排是对国家经济社会发展需要的回应和体现,也是对包括教育事业在内的各项国家发展战略及其发展要求的宏观指令性和指导性的政策安排,往往构成教育事业发展顶层设计的指导原则和发展方向。有什么样的国家发展规划,就会有什么样的国家教育发展战略及政策与之配套。因此,一个国家某一阶段的教育的地位及其发展定位往往是由国家发展规划要求所决定或左右的,并具体受与之相配套的有关政策所具体制约,高等职业教育也不例外。

3. 社会对高等职业教育的期盼

高等职业教育的合理定位与社会对该类教育形式的认知和需求密切相关,尤其是可增加享有的高等教育机会。个人接受高等教育消费的成本以及就业预期等社会期盼会在很大程度上影响高等职业教育的发展。社会公众,尤其是求学者及其家长(学费提供者)对高等职业教育选择的态度及选择方式、适龄人口数量变化、用人单位用人需求及其用工方式等都会或直接或间接地影响国家对高等职业教育发展速度、规模、质量、效益等方面的评估及决策。

4. 职业教育体系自身发展及其完善需要

在现代职业教育体系建设中,高等职业教育不仅关系到职业教育的全局,也直接关系到作为高等教育办学重要机构的高等职业院校自身的改革和发展。职业教育是我国经济社会发展的基础,是我国整个国民教育体系中重要的一环。特别是随着我国市场经济体制的建立和改善,职业教育为广大学子及社会公众开辟了一条重要的学习途径和接受继续教育的通道。高等职业教育与中职教育的区别及连接如何设计、两者在社会经济发展中的相互地位如何确定、如何共同协调地发挥功能为经济发展方式转变和产业结构调整提供人才保障和智力支持，均需要改革实践加以完善。

(二)高等职业院校办学定位的影响因素

1. 区域经济社会发展或行业发展对教育的需求

我国地域辽阔、人口众多，由于历史形成的原因，东部、中部、西部经济社会发展存在较大差距，同时不同区域经济结构和社会发展水平有所差异、不同行业又具有自身的特点，而大多数高职院校都是按照行政区域或某一行业设置的，高职院校要想立足发展，就必须因地制宜地把区域性经济社会发展优势或行业特色优势作为自身办学定位的首要考量因素，力求依托区域或行业发展，满足区域经济社会发展需求和行业产业发展需求，在服务地方经济社会发展中找对自身发展定位，在服务行业产业发展中不断壮大和发展。

2. 政府教育发展规划的安排和政策引导

高等职业教育的定位会受到国家和政府发展规划的影响。高职院校的办学需要政府的宏观调控和政策引导，当地政府也会将高等职业教育的发展纳入当地的总体规划当中。如果高职院校忽略政府的教育发展规划要求，不按照政府的政策引导，只看自己的发展需要，是很容易迷失自身的办学定位的。

3. 举办者的愿望和要求

高职院校的举办者是办学的主要投资者，通过拨款、人事安排、项目干预等对高等职业院校进行直接控制和管理，以期望高职院校能更好地为地方服务，为行业服务，为集团利益服务。不结合举办者的办学理想追求和办学利益诉求来确定高职院校办学定位，将很难得到举办者的办学支持，最终会办不成学。

4. 办学者的办学理念与办学思路

每所高职院校如何找准自己的发展空间,明确前进方向,确定自身的发展战略与战术,这对办学者来说是头等重要的大事。高职院校的办学者是办学定位的关键人物,若其办学理念落后或与高等职业教育办学需求脱节,则直接影响学校对办学定位的选择及其实践。办学理念涉及很多内容,归根结底就是有关办什么样的学校、培养什么样的人和怎样培养人的思想、观念及其主张。若办学者对高等职业教育的根本属性认识不清、对国家高等职业教育总体定位不明、对影响高职院校办学定位的相关因素分析不透,对国际职业教育的发展趋势置之不理,则很难说办学者会有先进的办学理念和清晰的办学思路。

二、高等职业教育办学定位应遵循的原则

高等职业教育办学定位只有遵循一定的原则才能实现定位明确的目标,才能有利于高等职业教育获长足发展,这里我们从高等职业教育定位应遵循的原则和高职院校办学定位应遵循的原则两方面来进行阐述。

(一)高等职业教育定位应遵循的原则

1. 要有利于人的全面发展

高等职业教育与任何教育一样,都是一种有目的培养人的活动。促进人的全面发展是教育的终极目标,强调教育在促进人发展中的价值,要求教育为人的发展服务,这是当今世界教育改革和发展的重要趋势。高等职业教育作为一种人的教育,必须重视受教育者职业能力和职业道德的培养,同时关注对其健全的个体性格、良好的兴趣爱好和固定的职业倾向的培育,坚持以人为本,努力促进个体个性的发展。高等职业教育只有以促进人的发展为首要原则,才能真正确立自身的定位,不偏离教育的本源,履行好自己的社会职能,完成自身的育人使命。

2. 要有利于终身教育体系的构建

高等职业教育应贯彻终身教育的理念，高等职业教育是通向终身教育的有效途径和重要载体。高等职业教育应该是学历与非学历、全日制与非全日制并举；建立中职、高职衔接体系，拓宽高职生源渠道，提高高职生源质量；构建并实施普职双向沟通模式，打破普通教育与职业教育相互封闭的体制，从而使之成为不同年龄、不同岗位、不同需求的公民接受开放式教育的重要形式，使国家教育体系更具灵活性，为建设学习型社会提供终身教育体系保障。

3. 要有利于社会经济和行业发展

高等职业教育机构大多是以区域为中心，根植于区域经济社会发展规划和行业发展的现实中，以为区域经济社会发展或行业发展服务作为价值取向，并同所服务地区或行业的发展兴衰紧密相连。现代高等职业教育的功能已经大大拓宽，但出发点、落脚点同样离不开为当地经济社会发展服务，离不开为行业发展服务。高等职业教育必须融入区域经济社会或行业系统中，高质量地为区域地方或行业提供应用型、职业型专门人才，成为推动区域地方经济社会发展进步的不可或缺的智力支持中心和人才保障基地，成为基层社区和农村文化创新和推广中心，地方政府才会满意，行业主管部门才会满意，人民群众才会欢迎。高等职业教育只有坚持服务区域地方经济社会与行业发展的原则，才能够真正获得地方和行业的支持和重视，生存和发展才会有强大的动力和宽广的空间。

4. 要有利于社会公平的追求

高等职业教育作为职业教育的重要组成部分，是面向人人的教育，具有济贫性质。尽管职业教育从其产生之时就包含经济动机和鲜明的职业色彩，但世界各国还是更多地从"社会平等、公正""机会均等"等出发来发展职业教育，希望通过这种教育，使社会处境不利者获得谋生技能，以改变他们所处的弱势社会地位。

高等职业教育只有以追求社会公平为原则，才能在更宽广的社会发展进步中确立自身定位，发挥好实现社会公平的工具价值。

（二）高等职业院校办学定位应遵循的原则

由于举办者、办学者的不同,加之各个高职院校有不同的发展历史以及拥有的教育资源也不尽相同,因而每个高职院校对办学定位的思考与选择也不同。一般在确定办学定位的时候应遵循以下原则。

1. 客观性原则

高等职业教育办学定位的确立首先要遵循客观性原则。客观性原则要求在确立高等职业院校办学定位的过程中,要根据学校的实际情况,对高职院校未来改革发展做出正确判断。要充分考虑本校的实际办学情况,包括办学历史条件、学科门类、师资队伍结构、办学规模、人才培养质量、教育教学管理水平等,在充分进行民主调研、科学论证的基础上,预测学校未来的发展趋势,确立学校未来改革的重点,发挥学校自身学科专业优势,使学校的中长期发展规划切实符合学校实际。只有这样,才能为高职院校的科学定位和后续的强劲发展奠定基础。

2. 发展性原则

坚持发展性原则是高职院校办学定位应该遵循的另一条原则,因为在不同的时期,在不同教育政策的指导下,高职院校的办学定位是发展的、变化的、动态的,而不是一成不变的。只有坚持发展性原则才能保证高职院校的长远发展。

3. 继承性和创新性相结合原则

高职院校的办学定位还要坚持继承与创新相结合的原则。继承是指要继承高职院校的办学历史传统,充分发挥自身的竞争优势,使得自己的优势更加凸显;创新是指高校要瞄准社会、市场需要,使学校的学科专业课程的设置超前于经济社会转型发展,使学校成为引领社会发展的风向标和瞭望塔。但同时这种创新不是盲目的,要充分考虑自身学科的实际情况,包括师资队伍结构、教学设备、相关学科专业发展情况等,只有在成熟的条件下,才能有所创新、有所突破,否则盲目的求大、求高、求全,必然会导致教育资源的浪费。

第三节　我国高等职业教育办学定位的发展变迁

一、我国高等职业教育办学定位的发展历程

前面我们提到高等职业教育的办学定位有宏观和微观之分，这里讲述的我国高等职业教育办学定位的发展历程主要是微观层面的办学定位，即对高职院校办学定位的发展历程进行阐述。

（一）孕育起步阶段

20 世纪 80 年代初，几所短期职业大学诞生了，有江汉大学、无锡职业大学、南京金陵职业大学等 13 所。这批职业大学的诞生是我国最早的高等职业院校，不仅开创了我国高等职业教育发展的先河，而且在我国改革开放之后很长一段时间里对解决人才短缺的问题起到了很好的缓慢作用。

在高等职业教育的孕育起步阶段，其办学定位是比较模糊的，其主要表现在人才培养的目标定位上。1984 年《关于高等工程教育层次、规格和学习年限调整改革问题的几点意见》中指出，高等职业类教育的人才培养对象应该是："德智体全面发展、具有社会主义觉悟的高级工程技术应用人才"，代表着国家层面开始认识到高等职业教育人才培养目标定位问题的重要性；1987 年《国家教育委员会关于改革和发展成人教育的决定》更加明确地直接使用了"高等职业教育"的概念，提出其举办主体应该是："职工大学、职工业余大学、管理干部学院"，而培养的对象定位于"生产、经营管理方面的专业技术人才"。

（二）探索调整阶段

20 世纪 80 年代以后，高等职业教育的发展遇到了较大的发展阻碍，不仅缺乏内外部条件的有力支撑，而且对其发展标准也没有相应的

规范,导致高等职业教育在之后的发展没有方向,到 20 世纪 90 年代初,职业大学盲目升格的现象非常普遍。

1990 年 10 月召开的全国普通高等专科教育工作座谈会上谈到了当时的现象:"现有大多数短期职业大学在服务对象、专业设置、培养目标、培养模式、毕业生去向等与普通高等专科学校区别甚微,一部分应办成以培养高级技艺性人才为目标的高等职业教育。"

1991 年初全国职业技术教育工作会议后发布的《国务院关于大力发展职业技术教育的决定》提出要"积极推进现有职业大学的改革,努力办好一批培养技艺性较强的高级操作人员的高等职业学校"。其办学定位开始进入探索调整阶段。

（三）快速发展阶段

进入 20 世纪 90 年代中期,规模不大的问题已经不是阻碍我国高等职业教育改革和发展的主要因素了,而结构失衡问题日渐严重。这个时候,国家开始对高等职业教育给予越来越多的重视,相继出台了一系列相关的文件政策,对高等职业教育的办学定位做了一些规定。

1995 年国家教委发布 12 号文件中认为,职业大学培养的是"高级（部分中级）应用技术、管理人才",从而服务于"地方经济建设和社会发展";同年 8 月在京召开的全国高等职业技术教育研讨会将高职院校的人才培养对象阐述为"在生产服务第一线工作的高层次实用人才"或称"高级职业技术人才",这两项文件带来了 20 世纪 90 年代中后期高等职业教育的蓬勃发展。

到了 20 世纪 90 年代末期,针对严峻的"三农问题"和城乡统筹带来的新变化,国家提出高等职业教育应着力"培养一大批具有必要的理论知识和较强实践能力的生产、建设、管理、服务第一线和农村继续人才";2002 年 8 月 24 日《国务院关于大力推进职业教育改革与发展的决定》将职业教育的总体目标定位于:"培养一大批生产、服务第一线的高素质劳动者和实用人才"。

二、我国高等职业教育办学定位存在的问题

（一）高等职业教育在教育体系中的定位并不明确

高等职业教育在整个高等教育体系中到底扮演一个什么样的角色，具有什么样的地位，是一个事关高等职业教育长远发展的根本问题。目前就我国有关法律规定来看，似乎已明确了高等职业教育的定位，即《高等教育法》和《职业教育法》中所明确的高等职业教育是高等教育的组成部分，也是职业教育的最高阶段。

但是，这些规定并没有非常明确地表明高等职业教育在整个国家教育体系中的地位究竟是什么。还有很多问题没有得到解决，首先是职业教育与高等教育之间的关系，其次是高等职业教育与普通本科应用型教育和专业教育的关系，再次是高等职业教育和中职教育的本质区别，最后是高等职业教育是否可以作为职业教育和高等教育之间的纽带。

除此之外，还有一个很重要的问题，那就是高等职业教育是否可以举办其他教育，其他高等院校是否可以举办高等职业教育。这些问题都会对高等职业教育的办学定位产生影响。

（二）高等职业教育的培养目标定位比较模糊

首先，自从高等职业教育产生至今，教育主管部门的权威界定与解读就在不断地变化中。从 20 世纪 80 年代提"较高级的应用性的专业技术人员"到目前开始提"高端技能型人才"的培养目标。这表现出我国高等职业教育存在一个十分危险的核心问题尚未令人信服地解决，即高等职业教育仍未真正确立自身独特的人才培养空间和类别。

其次，目前名为高等职业教育，实则培养不出或不愿培养出职业性人才，成为其他教育的补充或替代。这严重混淆了高等职业教育与普通本科教育的性质和目标定位，使高职生在一定程度上成了普通本科教育的预备生。

最后，高职毕业生就业对口率低，高等职业教育功能价值受到冲击。这需要对高等职业教育人才培养目标和高职院校人才培养目标加以区别，有的需要重新审视。

（三）高等职业院校办学特色定位亟待确立

鲜明的院校个性特色是高等职业教育存在和发展壮大的前提和基础。高职院校的核心竞争力不在于盲目扩大规模，也不在于盲目提高办学层次，而主要在于办学特色的准确定位，在于办学理念的创新性、办学模式的独特性和人才培养的不可替代性。然而，现阶段高职院校专业设置趋同、追求大而全、特色不明显的现象非常普遍。这些现象既加剧了低水平竞争，又造成了有限教育资源的浪费和效率损失。在教学管理方法手段上，也一味模仿本科院校的做法，在人才培养上则过多地强调动手操作技能的训练而混同于中职等，办学特色定位不鲜明。

第四节　积极促进我国高等职业教育办学定位的合理化

一、高等职业教育办学定位合理化的重要性

近年来，高等职业教育的规模快速扩张，学生人数和学校数量急剧膨胀，给高等职业院校的发展提供了十分宝贵的机遇。但是，这也给办学历史短、办学条件和办学经验不足的高职院校的可持续发展带来了严峻挑战。于是，不少高职院校在办学过程中出现了盲目攀比、好高骛远的情况，导致办学定位与自身实际不相符，从而严重制约了自身的健康可持续发展。因此，必须积极促进高等职业教育办学定位的合理化。只有这样，高职院校才能正确地行使其办学自主权，形成自己的办学特色，推动自身的健康可持续发展。

此外，高等职业教育办学定位的合理化，能够促进整个社会与高等教育系统的健康运行，使高等教育的质量不断得到有效提高。

二、促进高等职业教育办学定位合理化的途径

（一）要在明确自身优势的基础上进行定位

高职院校要想科学、合理地进行定位，必须要在明确自身优势的基

础上进行合理取舍。任何一所高职院校都有自身发展的现实需求，而且在拥有的资源等方面都有一定的差异，这就决定了高职院校在明确办学定位时，必须明确自身组织的核心资源和能力，并以此为依据面对外界环境的需求和变化，做出自己的选择。这个选择包括学校的办学目标、办学层次、办学类型等主要定位，即学校是否需要办成带有学术性质的高等教育，学校的人才培养以培养适应行业企业发展中的哪一层级的人才为主，学校的专业设置突出哪些重点专业，等等。

总之，各高职院校只有在充分认知自身优势的基础上进行定位，才能确保最终的定位是科学的、合理的。

（二）要在平衡政府、社会和高职院校三方要求的基础上进行定位

高职院校在发展的过程中，只有在政府、社会和高职院校三方关系的要求中找到一个平衡点，才能使自己的定位更为科学、合理。为此，高职院校在进行定位时，必须做好以下几方面的工作。

1. 要准确把握政府的意愿

在政府、社会和高职院校三方关系之中，政府是处于上位的力量，即高职院校的自主办学必须要接受政府的宏观指导和管理。因此，高职院校在确定办学定位时，必须要准确把握政府的意愿。

2. 要积极适应社会需求

这里所说的社会需求包含两个方面的内容：一是求学者个人成长发展的需求，这可以说是高职院校的"入口"；二是就业市场对人才的需求，这可以说是高职院校的"出口"。这两个需求都与社会经济文化的发展有着密切的关系，因而高职院校在明确办学定位时要充分考虑社会经济文化的发展现状以及发展需求等方面。

3. 要充分了解自身的条件

高职院校在确定自身的办学定位时，必须要充分考虑自身的发展历史和发展基础。每一所高职院校都不是完美的，既有自身的优势也有自身的劣势。只有了解自身的办学条件，知道自身的优势与不足，才能扬长避短，找准办学定位。

这里需要特别指出的一点是,以上三个方面并不是孤立的,而是相互关联的(图 2-1)。

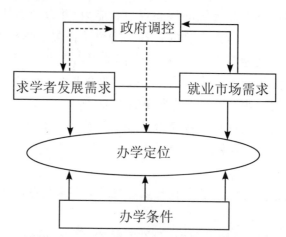

图 2-1　政府、社会、高职院校与办学定位关系图

（三）要在科学数据的基础上进行定位

西方很多大学在规划自己的战略时,都会进行战略分析,而战略分析必须以丰富的信息和数据资源为基础。因此,高职院校在确定办学定位时,也要以科学的数据为基础。但是,现在很多高职院校在明确办学定位前并没有做系统的科学分析,也没有可供借鉴的具体数据,因而所确定的办学定位往往与现实不相符。因此,高职院校在确定办学定位时,必须要注意收集全方面的科学数据。当然,数据的来源需要有政府和专业机构的支持。

（四）要选择适宜的方法进行定位

就当前来说,高职院校确定办学定位的方法主要有以下几个。

1. 落实指令法

落实指令法是指主要根据上级主管部门（或举办者）的办学宗旨和施政方针来确定学校办学定位的方法。这种方法的优点是高职院校在办学初期可以迅速抓住学校发展的主要目标。不过,这种确定办学定位的方法往往难以突出高职院校的特色,因而并不能单独使用。

2. 办学总结法

所谓办学总结法,就是通过对学校的办学历史进行系统的分析、总结,全面了解自身的历史背景、环境特点、学科特色和资源情况等方面,并据此预测将来最佳的发展趋势而做出定位选择的方法。这种定位方法主要是根据自身条件和需要而作出定位选择,而不考虑或较少考虑其他学校的情况。因此,这种办学定位方法在绝大多数情况下都不会单纯运用,而是结合社会发展的要求以及自身条件作出定位选择。

3. 比较借鉴法

比较借鉴法是指对国内外或某一区域内外的同类学校进行比较分析、借鉴参照其他学校情况而后做出定位选择的方法。这种方法有助于高职院校遵循"有所为有所不为"的原则,确认自己的"身份",从而找准自身在高等教育中的位置。

4. 重点突出法

重点突出法就是在各种办学定位中首要突出一种定位或一种特色,再确定其他定位的方法。举例来说,有些高职院校首要突出学校的办学特色定位,如首先明确学校在人才培养模式方面的鲜明特色要求,然后再确定发展目标定位、学科定位、服务面向定位等。这一方法对于明确高职院校的办学特色具有重要的作用。

5. 调查研究法

调查研究法就是运用调查的方法与手段,对学校所处的校情、省情、国情(或区域情况)进行周密系统的了解和考察,从而确定办学定位的一种定位方法。这种方法有助于高职院校了解自身内外的各种环境和条件,从而使自身的办学定位更好地与社会发展需要相适应。

(五)要遵循一定的流程进行定位

高职院校在确定办学定位时,为了保证其科学化和合理化,必须要遵循一定的流程。简单来说,高职院校在确定办学定位时,必须要经过以下几个环节。

1. 进行定位调研

高职院校在确定办学定位时,首先要做好定位调研工作,以便收集大量科学、全面的信息,为高职院校的办学定位奠定基础。在这一过程中,以下两方面的信息要特别予以注意。

第一,与高职院校发展相关的国家职业教育政策、当地职业教育发展状况和就业市场动态等信息。

第二,与高职院校发展规划相适应的目标顾客与目标顾客群的信息,即与在校学生、潜在生源、用人单位相关的信息,如本校目标顾客群如何看待该学校,目标顾客群如何看待、怎样定位本校竞争者等。

2. 拟定办学定位的初步方案

在上一阶段的工作完成后,高职院校的办学者就要根据定位调研所获得的信息,综合分析区域经济结构、就业市场趋势和教育竞争格局,分析把握目标顾客的现有需求和潜在需求,发掘学校的独特优势和发展潜力,结合高职院校评估要求,根据相关性、差异性和一致性的原则提出高职院校办学定位初步方案。

3. 师生员工参与办学定位初步方案的讨论

对于高职院校来说,师生员工是其主人,他们最了解自己的学校,热爱自己的学校。因此,高职院校在拟定了办学定位的初步方案后,要让师生员工共同参与到学校办学定位的总结中来。

4. 院校研究人员对办学定位初步方案进行精心研究

高职院校在拟定了办学定位的初步方案后,还需要院校研究人员对其进行精心研究,明确其是否科学、合理、具有可操作性等。在这一过程中,院校研究人员必须做好以下两方面的工作。

第一,要为师生员工广泛讨论和领导决策提供信息,主要包括学校发展的历史、学校发展的各种数据、同类院校发展的数据、学校历史上的典型事例、学校的社会反响等,使大家能通过各种数据的比较发现学校的优势、特点,发现问题、解决问题。

第二,要综合师生员工提出的各种"想法",就办学定位的几个核心方面,如人才培养目标定位、办学层次和服务面向定位等提出并论证几条明确的意见,供师生员工进一步讨论和领导决策时参考。

5. 学校领导对办学定位进行科学决策

高职院校在确定办学定位时,不能仅仅凭借少数领导者的经验。但是不可否认的一个事实,办学定位的最终决策是由学校领导来完成的。因此,为了保证办学定位决策的科学性,高职院校的领导在做决定时必须要有科学的态度,以大量真实可靠的信息为依据,并要充分考虑广大师生员工以及院校研究人员的意见。

6. 对办学定位的决策进行检验、修正

高职院校定位方案确定后,需要针对现有学生、潜在生源、教职员工和用人单位等目标人群进行多次测试,了解其对办学定位的反馈信息,并以此为依据进行调整和修改,以便办学定位更为精准化、合理化,为建立强有力的高等职业教育品牌奠定基础。

7. 贯彻实施办学定位

高职院校在明确了自己的办学定位后,要以自身教学和管理过程的特点为依据,通过建立战略规划、制定战略管理流程及实施办学质量和绩效评估,推动全员、全方位的整合管理,使确定好的办学定位能够有效地落实到教学、管理和传播的各个环节中。

第三章 模式创新：高等职业
教育的发展模式探究

在高等职业教育成为各国发展战略重点的今天，高等职业教育模式也成为高等职业教育领域关注的重点。不过，一个国家高等职业教育的发展并不是简单地复制其他国家的成功方案就能顺利完成的，而是要依据本国的特点，从模式的发展规律、发展方向、目前所存在的问题以及未来的创新方法等各个方面入手来探究。本章即从这些方面对高等职业教育的发展模式进行具体分析，为把握我国高等职业教育的未来提供坚实的基础。

第一节 高等职业教育发展模式的演进历史

人类社会经历了从农业社会到工业社会再到信息社会的发展进程，满足和服务于人类社会生活与生产方式变化的高等职业教育也经历了从农业时代教育到工业时代教育再到知识信息时代教育的历史性转变（图 3-1）。

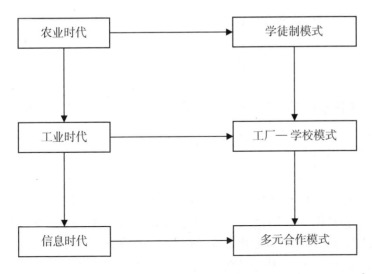

图 3-1 高等职业教育发展模式演进示意图

一、农业时代的高等职业教育模式：学徒制模式

在人类发展的早期阶段，来自某种形式的现场学习成为人类传授技能的方式，这也是职业技术教育的最早起源，这种现场学习被作为制度流传下来形成了学徒制。

（一）学徒制模式的诞生

在原始社会，生产十分落后，既没有社会分工，也不存在职业之分。这一时期，传授知识和技能的主要途径是通过劳动和社会生活实践，主要方式是观察、模仿、边干边学，人们通过口耳相传、共同劳动的方式传授各种生存技能，例如如何获取食物、如何躲避危险，等等。

随着人类社会的发展，劳动剩余产品的出现促使了社会分工、私有制和阶级的产生，一部分人能够脱离物质生产劳动而专门从事对社会的管理以及对人类各种经验、知识的系统整理和总结，教育开始从生产过程中脱离出来，成为一种专门分工的活动而获得了独立的发展。知识与技能的传授开始变成一种有意识的活动，教育也一分为二，演化为官学与民间学徒制。官学是满足官场所需的教育，主要是古典人文教育；民间学徒制传承的则是古典人文教育所排斥的技术、技艺教育。可以说，学徒制是现代职业教育的原生型。

（二）学徒制模式的发展

职业技术教育被排斥在象征着地位与权力的教育系统之外，生产技术和技艺的传授只能通过非正规教育的渠道——父子相传、师徒相传的学徒制方式进行。

学徒制的最初形态是在父亲把自己的职业传授给自己亲生儿子的家庭范围内进行的，这是一种与初期手工业相适应的教育形式。

大约10世纪时期，行会与城市差不多同时产生。随着商人与手工业行会的兴起，学徒训练开始与行会结合，逐渐走向制度化的轨道。行会承担了生产技艺、技术的传承与教学的功能，其制定学徒管理规范，指导、监督与规定教学内容，资格认定与考核，实施了职业教育的职责。

（三）学徒制模式的存续

随着社会的发展，生产关系的改变，资本主义生产方式下的劳资关系，使学徒制失去了原本的师徒社会关系基础；技术的变革及生产方式的转变使职业技能要求发生了较大变化，在新的生产体系中很难找到学徒的位置；传统经济结构的瓦解也促使学徒制度开始走向低落。在这样的背景下，学徒制逐渐没落并最终瓦解。

但是，衰落的学徒制并未消亡，反而成为现代职业技术教育发展的缘起与借鉴。现代职业教育将职业学校教育与工作本位培训有机结合的模式，正是学徒制的现代演进。

学徒制模式具有显著的特征，概括来说主要包括以下几方面。

第一，学徒制是适应于农业社会的职业教育模式。在古代和中世纪，生产力较低而社会分工不那么细致，家庭小作坊的生产方式，是学徒制职业教育模式得以产生并走向繁荣的基础。而随着生产力的发展，学徒制的教学功能逐渐弱化。可见，学徒制是伴随手工业发展的必然结果，学徒制是与初期手工业相适应的职业技术教育模式。

第二，学徒制的培养模式是以技能为中心的现场学习。学徒制是全程教育，师傅在自己演示、徒弟操作的过程中传授技术经验，教育内容就要涵盖工作的每一道工序、每一个环节。这一模式是生产、生活、学习三合一的人才培养模式。

第三,学徒制孕育了近代职业技术教育,是高等职业技术教育的原生型。

二、工业时代的高等职业教育模式：工厂—学校模式

18 世纪初,技术的传播开始在正规的学校中进行,这种模式就是工商技术模式,代表这种模式的学校被称为工厂学校或训练学校。

(一)工厂—学校模式的诞生

第一次工业革命使人类社会生产方式发生了从以手工业和农业技术为主到以机械和工业技术为主的转变。技术进步从依靠实践经验为主转变为主要依靠科学理论知识,科学理论知识开始成为技术的主导成分。第二次科技革命使电力的广泛应用,把世界从蒸汽时代带进电气时代,随之而来的是工业生产总量的大幅度增加和农业的革命性变革。时代呼唤技术水平较高的生产者,为了保证教育适应产业发展的需要,各工业国都积极发展职业技术教育,纷纷采取了建立职业技术教育制度的措施。

与此同时,19 世纪末到 20 世纪上半叶,各国都根据政治、经济需要和文化传统改革本国教育,而高等职业技术教育的建立与发展正是现代教育改革运动的重要内容。

在这样的背景下,高等职业教育也被塑造成为工业生产的一个部件,像工厂生产产品一样将工业人才培养出来,这就是适应于工业社会、与工商业的生活方式相一致的工厂学校模式。

(二)工厂—学校模式的发展

英国最早于 18 世纪 60 年代开始推行工业化,法国也于 18 世纪后半叶紧跟英国开始用机器生产,推行工业化,建立工厂制度,也迫切需要发展新教育;德国、美国紧随其后,加紧发展教育。到 18 世纪后半叶,英国产业革命爆发,大大提高了生产的技术性,工人对知识和技术的需求越来越大,除了学会的讲座外,许多工会创办了工艺讲习所,还设有

图书室、阅读室、新式机械展览室等,供工人学习使用。

19世纪,职业教育模式开始发生转变,学徒制逐渐衰退,学校模式开始成为其主要模式。19世纪初期学校所创立的职业技术学校大多属于初等或中等职业学校,但以此为基础,随着科学技术的发展,一些学校也发生了层次的高移。到了19世纪中后期,教育模式采用集中传授技术的班级授课方式,可为大工业生产提供充足的劳动力,从而成为当时职业教育的主要模式。

(三)工厂—学校模式的特征

第一,创立了许多正规的院校,并为了适应工业社会分工的需要,日益发展成为多类型、多层次的体系,这是这一阶段的高等职业技术教育的主要特征。

第二,工业生产方式呈现出了标准化、专业化、集中化、大规模的特征。工业革命建立了现代大工业,劳动资料以工厂里的机器为主,需要工人拥有更多的知识与技能,人成为机器的一个部分,而且岗位技能、工作规范都是标准化的。[①]

三、知识信息时代的高等职业教育模式:多元合作模式

第二次世界大战之后,计算机、通信技术迅速发展并广泛应用,改变着社会生产方式、生活方式和学习方式。信息和知识是这一时期的主要结构特征。大量高科技产品纷纷转向经济领域,多数国家开始从"工业社会"向"信息社会"转型。在这样的背景下,多元合作的职教模式应运而生。

(一)多元合作模式的产生

高科技信息技术的产生与应用使新兴科技行业纷纷建立起来,社会对高级技术人才提出了新的要求,不仅需要培养大批掌握先进技术的

---

① 查吉德.高职人才培养目标定位的新思考[J].中国职业技术教育,2011(18):12-19.

高级科技人才，而且需要训练大批具有一定文化素质和生产技能的劳动力。

但是，20 世纪 70 年代，传统教育与现代经济的对立使得世界爆发了一场严重的经济危机，使得劳动力市场人才需求暴减。这对传统的教育体制提出了挑战，人们开始对传统教育体制进行反思并积极改革，重视建立教育与社会经济发展之间的密切联系。为了满足从业人员终身学习的需要，满足职业种类迅速变化所带来的职业教育专业设置不断变化的需要，各国都以对社会经济的适应性为原则建立了充分灵活的职业教育体系。

（二）多元合作模式的发展

一直以来，以传授实用技术的高等职业技术教育，虽然得到了一定的发展，但仍然被斥为低等教育，难以得到与普通高等教育的同等地位和价值认同。直到 20 世纪 70 年代，经济危机的爆发，使得职业教育机构发展壮大，逐渐形成了多元化的职业教育发展模式，对经济的多样化发展产生了极大的影响。

在美国，从 1950—1971 年，诸多大学都增设了技术学院，集大学基础教育、社区文教服务及成人教育等多种功能于一身的综合性短期高等教育机构——社区学院使得美国的高等教育入学率迅速提升。

在日本，第二次世界大战后至 20 世纪 60 年代是日本高等教育向大众教育阶段进军的大发展时期。除了"五年一贯制"的高等专门学校，日本还发展了许多与企业进行"产学合作教育"的短期大学，培养了大批的高级科技人才和中低级的技术员。

在英国，第二次世界大战之后，英国设立了由地方学院、地区学院、大区学院和高级技术学院共同构成的职业技术学院系统，大力发展高等职业技术教育。

（三）多元合作模式的特征

第一，生产、教学、应用性研发形成更高水平的结合。第三次科技革命表现为科学—技术—生产，科学技术进步推动工业生产的变革与发展，成为工业发展的基础和原动力。这个顺序的变化对高等职业教育发展意义重大,高等职业教育的模式也从原来的以工业生产为组织原型的工厂学校模式走向综合化多元合作模式。

第二,高等职业教育与产业界的密切合作。联合国教科文组织在1999年就提出,必须在劳工界和教育界之间建立新型伙伴关系,加强高等职业教育与经济发展之间的联系。

第三,职业教育与普通教育逐渐融合。在知识信息时代,在政府和市场的博弈之下,高等职业教育与普通高等教育逐渐融合,成为崇尚创造性、差异性、建构性的教育。职业教育高移化、高等教育职业化已成为当代国外高等教育改革的一个重要动向。

第二节 高等职业教育发展模式的演进规律与未来趋向

一、高等职业教育发展模式的演进规律

生产力的发展水平是决定高等职业教育模式发展变化的主要因素。在生产力水平的干扰下,高等职业教育发展模式在演进的过程中呈现出了独特的规律。

(一)高等职业教育与社会相辅相成、相互促进

高等职业教育是服务于社会的,随着社会的发展而不断发展。反之,社会是需要高等职业教育的,社会的发展依赖于高等职业教育。二者相辅相成,相互促进。人类社会经历了农业社会、工业社会和信息社会三个显著进程,高等职业教育服务社会的方式也经历了从农业时代教育向工业时代教育,以及从工业时代教育向知识信息时代教育发展的两大历史性转变。

职业教育领域的每一次变革,最根本的驱动因素都在于满足和服务人类社会生活与生产方式的变化。早在原始社会,通过口耳相传、共同劳动的方式传授获取食物的生存技能,这就是教育的原始形态。随着社

会的不断发展，手工业的出现，逐渐诞生了学徒制教育模式，成为职业技术教育的原始形态。之后，工业革命兴起，社会需要更多的技术型人才，"工厂—学校"模式便取代学徒制成为新型的职业教育模式。到了知识信息时代，社会对教育又提出了新要求，教育模式也从原来的以工业生产为组织原型的工厂—学校模式走向综合化多元合作模式。

（二）职业教育与人文教育从消长到融合

从教育发展的进程可以看出，职业教育与人文教育是此消彼长的。

在重视古典人文教育的时期，技术、技艺被视为奇技淫巧，微不足道，这使得技术、技艺不得不流落民间，通过原始的学徒制的方式延续下来。

到了工业革命时期，科学技术得到了较大程度的发展，机器大生产需要受过技术教育的生产者，这促使高等职业教育进入学校教育系统，与传统古典人文教育相对抗，进而分离出来，形成技艺、科学与人文等层次和类型院校的对立。

不过，到了知识信息时代，社会对人的素质提出了新的需要，坚持服务社会经济、传授现代生产技术的高等职业教育的兴办使人们认识到教育对于人类生产发展的作用，人文、科学、技术在教育中逐渐走向融合。在这种融合的态势下，古典人文学术教育获得了更高水平的新生；职业技术教育也吸收了人文教育内容，走向高层次的有学术性的应用。

二、高等职业教育发展模式的未来趋向

（一）健全教育体系

在知识信息时代，教育的作用表现为使被教育者接受系统、完整教育的基础上尽可能全面地提高自身的知识和智力水平。为此，未来高等职业教育应扩大教育规模，健全教育体系、拓宽教育渠道、增加教育类型、完善教育方式，使不同类别、不同层次的教育间能够实现有效的转换互通，以满足人的发展需要。

（二）政府、社会、企业多元参与

随着社会开放程度的增加，教育同外界的联系越来越紧密。高等职业教育涉及众多职业、行业、产业，政府、社会、企业的多元参与是办好职业教育的重要途径。

（三）发挥综合化功能

随着时代的变化，高等职业教育不再只是为就业服务，而是逐步发展为融培训、就业、升学、补习、社区服务、技术开发等多种社会功能为一体的综合性教育。

（四）融入终身教育体系

随着现代科技发展和现代社会经济的发展，现代职业的半衰期越来越短，人们在青少年时期接受的教育到了中年可能就不适用了，不能再帮助他们在人生发展中再进一步了。这就要求人们要不断学习，不断吸收新知识，掌握新技术。因此，未来高等职业教育要融入终身教育体系，为每个社会个体的整个职业生涯发展服务。

（五）促进人的全面发展

教育为未来培养人才，是面向未来的教育。而随着社会的不断发展，对人才的要求也越来越严格。在知识经济时代，人的能力成为社会生产和个人发展的主导要素。社会生产是建立在个人全面、自由的个性上，通过人的能力的充分正确发挥来创造社会价值和实现自我价值。因此，推进"全人"教育、促进人的全面发展，这是职业教育发展的普遍趋势。

第三节　我国高等职业教育发展的几种主要模式

一、实业学堂、职业学校模式

中华人民共和国成立之前,中国传统的教育是以封建时代官学、私学构成的,以科举制为主体的教育存在形式。洋务运动拉开了中国现代教育的发展序幕。之后,经历了各种思想革命以及改革行为之后,中国开始借鉴国外和学习探索人类现代化文明成果。鸦片战争给沉醉在闭关锁国中的国人当头一棒,国人看到了我国与别国的差距,也看到了国家和民族已经到了危在旦夕的地步。在这样的背景下,学而优则仕、读书做官为教育之大要的现状慢慢发生改变,中国教育开始向注重经济发展功效的实用型教育转型,而自古就有的从事某种职业的专业教育也受到重视。洋务运动时期设立的实业学堂,"癸卯学制"《奏定学堂章程》大举推动了实业教育的发展,"壬戌学制"以职业学校代替了前几部学制中的实业学校,这些措施都是我国高等职业教育的重大突破。

实业学堂一开始主要创办了船政、武备、工艺等专业性的学堂,如福建船政学堂、天津电报学堂等,这些实业学堂实际上就是高等职业教育的雏形。

在实用主义教育思潮的影响下,1917年,中国第一个研究、提倡、试验、推广职业教育的民间教育团体——中华职业教育社在上海成立。中华职业教育社还创办了中华职业学校。随着民族工商业发展需要和在职业教育思想的倡导下,职业学校的数量大增。这一时期的职业教育寄托了中国一代仁人志士图强兴国、洗耻革辱之梦想。

二、半工半读模式

中华人民共和国成立之后,我国开始从传统农业社会向现代工业社会转变。这一转变是一个困难而又漫长的过程,薄弱的经济基础和落后的基础教育,使得我国技术人才紧缺。

为了快速培养出大量的技术人才,政府和教育部采取了诸多措施,大力兴办职业院校,大力推进半工半读的制度。自1958年开始,全国各地相继建立了劳动大学,作为一种半工半读、勤工俭学性质的专科学校,实行学习与劳动相结合、政治与业务相结合,并建立了一些与教学相适应的生产基地,开辟了中国高等教育产学结合的先河。但是,由于没有立足于国情,全盘照搬苏联教育经验,还存在自我探索的极端行为,半工半读的模式演变为极端的劳动教育。

三、职业大学模式

1978年,我国实行改革开放,教育观念、教育体制、教育目的、教育投入渠道等都发生了改变,我国教育逐渐走向现代化。此时急需解决的问题是创建有中国特色的社会主义现代教育体系。

经济发展的加快,使得我国高层次人才缺口日渐增大,高等教育规模不足的现象也日益突出。解决这一问题最有效的方法就是大力发展高等职业教育,因此中央政府与地方政府都在通过各种渠道探索高等职业教育的发展之路。

1980年,我国第一个高等职业教育院校在金陵职业大学江苏创立,此后,我国的地方大学和短期职业大学如雨后春笋般涌现。这些高职院校的办学目的非常明确,即为当地经济发展服务,培养职业性高级专门人才。为了促进高等职业教育的发展,政府颁布了《关于调整改革和加快发展高等教育若干问题的意见》,还专门成立了全国职业技术教育研究会、职业技术教育委员会等对有关职业技术教育工作的重大问题进行磋商或提出建议、意见、方案。

到了20世纪90年代,高等职业教育生存遭遇了危机,全国普通高等专科教育工作座谈会上提出"职业大学分流的意见",一部分条件较好的转为专科学校,根据文件精神和上级主管部门的审批成为普通高等专科学校或升格为本科院校,并借此分流为普通高等教育;另外一部分改为中专。1994年,为了满足工业化发展中职业人才的巨大需求量,我国重点关注高等职业教育的发展。从1995年开始,国家承认了职业大学是高等教育的重要组成部分,是国家承认学历的全日制普通高等学校。此后,中国高等职业教育在全国得以迅速发展。

四、职业技术学院模式

20世纪末至21世纪初，我国实现了由高等教育的精英教育阶段向大众化阶段的过渡。中国高等职业教育也在这一历程中得以蓬勃发展，实现了规模扩张和模式转型。

在规模扩张方面，2002年教育部提出了发展高职"三多一改"的方针，即通过多渠道、多规格、多模式发展高职，重点是改革教学模式，高等职业教育开始了大发展时期。政府颁发了《关于大力推进职业教育改革与发展的决定》的文件，通过一系列的方针和政策调动了地方和社会举办高等职业教育的积极性，中国高等职业技术学院蓬勃兴起，通过合并、改造、新建，高职院校以惊人的速度发展起来，高职学生数量实现了跨越式的规模扩张。

在模式转型方面，为了走出学科式的培养模式，国家提出建设示范性高等职业院校，以便高水平地培养高素质技能型人才。国家示范性高职院校建设计划实施后，高等职业教育成功地实现了从相对封闭的办学模式到开放式办学模式的转变，通过多种不同的途径开展产学合作，进行"订单式"培养、工学交替、顶岗实习、校企联办或开展项目合作等，开始强调通过实验、实训、实习等环节提高学生的实践能力，课程教学体系建设以学生就业岗位的核心能力和关键能力为依据，课程内容也较好地体现了岗位工作任务所需要的知识、能力和素质。

至今，中国高等职业教育发展格局已初步构建，形成了职业技术学院、短期职业大学、高等专科学校、成人高校、少数重点中专、部分普通高校的二级学院等办学机构和办学主体，部分应用技术本科转型为高职本科，高等职业教育层次结构有了拓展和高移的趋势，高等职业教育体系已现雏形。

第四节　我国高等职业教育发展模式存在的主要问题

由于中国高等职业教育设置时间相对较短，加之国情的特殊性，中国高等职业教育的发展模式体现出了工业化社会的鲜明特征,如标准化、专门化、大规模化等,但是这种发展模式也存在诸多问题,严重影响了中国高等职业教育的进一步发展。本节即对中国高等职业教育发展模式存在的问题进行剖析。

一、现代职业教育体系并未形成

目前,我国高等职业教育长期局限于专科层次,依然保持着学历教育体系的明显特征,并未形成终身教育体系的现代职业教育体系,在教育体系中被边缘化,这主要表现在以下几方面。

(一)局限于专科层次

我国目前的高等职业教育仍停留在专科层次,高职学生毕业之后接受再教育的机会很少,他们的发展需要也被忽视,只有少部分人能够通过专升本的方式在正规的教育体系中继续接受教育,大部分人想要再提升自己的知识层次便只能选择自学、自考等方式。因为高等职业教育已经成为孤立的、断层的教育,缺少本科层次及研究生层次的职业教育类别,还没有形成从一般向高级发展的完整体系,其生存和发展空间被严重挤压。

(二)与普通教育的割裂

我国目前的高等职业教育与普通教育是完全割裂的。高等职业教育是面向社会,为就业服务,所教授的知识多为实践知识,培养的人才是技能型人才;而普通教育实行的是应试教育,所教授的知识多为理论知识,与社会生活实际相脱离,学生也大都被培养成理论家或者考试高手。二者是分离、抵触甚至对立的。

二、产学结合不够深入

高等职业教育既然是为就业服务的,就要与行业企业紧密相连,这也是高技能人才培养过程本身的要求。但是,一直以来,我国的高等职业教育都秉持着封闭办学的模式,产学结合不够深入。

长期以来,中国没有相应的法律法规要求企业必须参与职业教育与培训,对于参与产学结合的企业既没有政策上的优惠,也缺乏利益上的激励,企业与学校的合作完全是一种出于自身利益的自发行为。自19世纪60年代以来,我国的高等职业教育与工业化之间的练习都不甚紧密,职业教育不实用,对中国社会经济的发展没有起到明显的推动作用,也没能扭转日益严峻的失业问题,更未扭转农村经济崩溃、城市工商业凋敝的局面。虽然高等职业教育发展到今天,在产学结合方面迈出了较大的步伐,但高等职业教育仍然存在封闭办学,过于校园化,学校与企业之间的联系不紧密,学校的市场开拓能力不强,实践性较强的课程也是由专职的任课教师担任,企业高技能人才在学校教师队伍中的占比较低等各种问题。

三、特色性不强

一直以来,政府都在大力推动中国职业技术教育的发展,中国高等职业教育得到了急速的扩张,建立了规模庞大的高等职业教育体系。这种急速扩张的背后,隐藏的是慌乱而忙碌的实践,上至教育管理部门、学校校长,下至教师,都在慌忙迎接各种上级评估,各种师资改革、课程改革、教学改革层出不穷,但这些缺乏理论指向性的改革使得高职院校的实践忙碌却进展缓慢。

为了在众多同类型院校中名列前茅,很多高等职业院校将教育部的文件奉为圭臬,争取"国家级示范性院校""省级示范性院校""骨干院校"等各种荣誉称号。在这样的指挥棒领导下发展起来的高等职业教育不再去探索特色之路,造成了千校一面,缺乏专业特色和办学特色。

四、忽视人的发展需要

当前,中国高等职业教育发展模式忽视了人的发展需要。在政府推动下发展起来的高等职业教育,其规模发展、财政投入、教师队伍、硬件设施等客观外延特征得到了人们的重视,而忽视了学生的发展需要。一方面,许多高职院校致力于教学改革,大做表面文章,纷纷加强精品课程建设,却没有仔细分析所建设的"精品课程"是否是学生真正需要的。

另一方面,高职院校在教学中一味遵循"技能论"的理念,将"职业教育服务于就业"贯彻到底,使高等职业教育变为职业培训,专注于技术训练和实践教学,学生像产品一样被批量生产,却忽视了学生综合素质的提高,也没有考虑学生今后的可持续发展。

五、职业教育与人文割裂

自古以来,中国传统文化重伦理、轻技术的伦理理念,工业文明价值观的缺失及由此导致的技术技能人才地位低下等不良的发展环境,导致了职业教育与人文割裂,社会吸引力不高。

首先,中国传统的教育观念多为重视人文伦理,而将商业、实用技术视为"下品",如"万般皆下品,唯有读书高""学而优则仕""劳心者治人,劳力者治于人",等等。这使得人们从一开始就在思想观念上看不起职业教育,技能、技术人才的社会地位比较底下,收入也不高,人们认为只有成绩差、报考普通院校无望的学生才无奈地选择职业学校,高职院校就是一个专科层次的低等学校,整个社会都形成了一种不利于职业教育发展的价值观,在招生上优先普通教育,冷落职业教育。

其次,文明价值观迭代不紧密。中国自古就是农业大国,历代封建社会都是重农抑商,即使经历了"五四"运动、改革开放,改变了落后于时代的传统观念,开启了中国现代化进程,但是中国职业教育赖以生存的新的工业文明并未形成,这使得产学结合仅仅停留在选择人才这一表面层次上。

第五节　我国高等职业教育发展模式的创新框架构建

1978 年,我国实行改革开放政策,从此进入大变革时代,而此时也正值世界大转折的关头,中国高等职业教育发展必须面向时代变革的要求来构建新的发展模式。

一、构建高端技能型人才培养体系,适应社会经济发展与变革

职业教育作为现代教育体系的重要组成部分,需要在中国的工业化发展过程中扮演重要角色。构建高等职业教育发展模式,就是要使高等职业教育主动地适应社会经济发展与变革,为社会发展提供多样化的服务。因此,中国高等职业教育必须服务于区域经济和社会发展,必须适应经济转型的需求,构建起为地方经济和社会发展提供强有力的人力资源的高端技能人才的培养体系。

首先,高等职业教育要全面服务产业转型升级。长期以来,中国经济发展过于追求速度,中国经济依赖的是诸如土地、矿产等不可再生资源,伴随着传统工业化发展的同时是严重的环境污染与破坏。为了保证人类的可持续发展,中国必须走新型工业化道路。在"知识经济"和"信息革命"的巨大历史机遇面前,中国新型工业化要紧抓大力发展信息产业和高新科技产业、通过产业结构调整实现对传统产业的改造这两个方面,从中国实际出发探索出一条具有中国特色的工业化道路。而要实现这一点,必须要构建与时代相适应的高端技能型人才培养体系,以培养出更多的高端技能型人才来全面服务产业转型升级。高技能人才是发展现代制造业、增强技术比较优势、参与国际中高端产业链竞争的基础。

其次,高等职业教育要全面服务工业化、城镇化社会发展进程。现代高等职业教育发展伴随工业化进程产生和发展,并在这一进程中发挥着重大作用。一方面,城镇化为高等职业教育提供了广阔的人才需求空间。随着城市的不断繁荣发展,大量的农村人口涌入城市,城市通过职业教育特别是高等职业教育把巨大的人口负担转化为高质量的人力资源,是中国高等职业教育面临的挑战和机遇。另一方面,新型工业化对劳动力的素质提出了更高的要求,劳动力结构向高素质的劳动力和复杂的智能化的劳动力转变,高等职业教育在这一进程中发挥着重要作用。可以说,担任培养高技能人才重任的高等职业教育已成为推进新型工业化的重要力量。

二、扩大高等职业教育层次，构建"上下贯通、内外衔接"的"大职业"教育体系

一直以来，高等职业教育都是以一个完整的体系来为社会服务的，但是要紧跟时代步伐，高等职业教育就必须扩大高等职业教育层次，构建"上下贯通、内外衔接"的"大职业"教育体系，横向上职业教育与普通教育互相渗透沟通。

（一）纵向上上下贯通

社会对人才的需求是多样的，人才的类型结构对应着教育的层次结构。经济全球化和高新技术的迅猛发展，产业升级，社会对高职人才的需求必然会变得多样化，包括对更高层次职业人才的需求，这迫切要求提升技术应用型人才的培养层次，因此高等职业教育的层次要完善、上延，在纵向上进行中职教育、高等职业（专科）教育、应用本科教育和专业学位教育（专业硕士和专业博士）等衔接贯通，搭建人才成长立交桥。其中，中等职业学校重点培养技能型人才，高等职业学校重点培养高端技能型人才，本科层次职业教育重点培养复合型、应用型人才，专业学位研究生教育则重点培养高端技能型人才。

（二）横向上互相渗透

高等职业教育与普通高等教育共同构成了多类型、多层次的高等教育系统，它们的地位不同，任务也不同。但是，随着经济的不断发展，社会对人才的要求越来越趋向于复合化，既要有着精深的理论知识，又要有着超强的实践技术，因此"普通教育职业化，职业教育普通化"成为全球范围内教育改革的共同趋向之一。这也要求高等职业教育要与普通高等教育互相渗透、互相接近、朝着综合统一的方向发展，在终身学习思想的指导下，融合职业与学术教育，建立普通教育与职业教育的沟通和衔接体系，搭建好两种教育互认的立交桥，将两种教育内容做好衔接和融通，两种院校学生、教师之间可以通过积极互动增进了解，更好地实现教育教学目标。

三、加大产学结合的力度

高等职业教育的办学方向是满足社会需求，而要实现这一点，仅仅依靠校内课堂教育是很难实现的。构建与企业紧密结合，将职后教育与培训、非学历教育纳入高等职业教育，是今后中国职业教育发展的必然趋势。这就要求高等职业教育应转变高职学院办学模式，要加大产学结合的力度，产学结合的根本是通过与企业的多方位合作育人与应用技术研发，实现工学结合、顶岗实习，培养高技能人才。

高职院校通过与企业合作，为学生提供了一个真实的实践环境，在工作实践中、在身体力行中锻炼职业技能和塑造职业素养。只有企业才知道自己需要什么样的人才，而高等职业教育只有加大产学结合的力度，通过"互惠互利，合作共赢""学校＋企业＋社会"的合作机制，构建融合社区教育、成人教育、社会培训、学历教育为一体的机构，把工业文明和企业文化融入职业教育体系之中，才能经常地倾听企业界、经济界的意见，及时了解企业对人才的需求，企业的发展和最新动态，将它们的要求作为制订教学计划的主要依据。行业专家直接参与人才培养规格、教学计划的制订以及教学过程质量的评估，才能从企业的实际需要出发培养出高技能人才。

四、实现院校自主发展

我国高等职业教育的发展是在政府的主导下自上而下地推动进行的，发展方式主要依靠外部规约而缺乏自主性。目前，高等职业教育面临严峻的形势，最主要的是生源下降与生源竞争，因此高等教育的发展必须挣脱政府行政主导的枷锁，实现院校自主发展。

（一）建立优胜劣汰竞争机制

生源下降与生源竞争，对高职院校提出了新要求。在竞争生源的过程中，特色鲜明、教育质量高、社会声誉好的高职院校将成为赢家，而办学质量较低、社会声誉较差的高职院校就会面临兼并、破产。因此，高等职业教育要建立优胜劣汰的竞争机制，改变以往院校或专业一旦设立便只上不下的发展状态，完善职业教育体系，要建立起"中高职衔接""专、本、硕贯通"的一贯体系,构建普通教育、职业教育沟通的"立交桥",并建立多元化的招生制度,维护高等职业教育生源市场的公平竞争。

（二）以特色求发展

以特色求发展,寻求差异化生存,是未来高等职业教育发展的必经之路。随着我国"少子化"现象越来越严重,适龄的学生也越来越少,普通高等教育不断进行扩招,高职院校如何突破重围,实现可持续发展,是高等职业教育发展的重中之重。要实现这一点,高职院校必须准确定位,突出办学特色,塑造学校品牌,坚持产学结合、工学结合的人才培养道路,满足区域产业发展和社会经济对技能型人才的需求。

（三）走上自主发展之路

首先,增强高等职业教育办学自主权。政府和教育主管部门正逐渐转变管理方式,在加强宏观调控能力的同时,赋予高职院校办学目标、专业设置、人事、招生、培养模式等方面的办学自主权。

其次,高职院校要在生源减少的情况下尽快从规模扩张转入内涵建设,更新办学理念,改革教学方法,优化课程内容,全面提升教学质量。

再次,高职院校要密切关注市场需要,结合学校实际,合理设置和调整专业布局,创办和着力打造有特色、有影响的专业。

最后,高职院校要以学生为本,将关注点放在关注学生学习质量与学习收获上,将改革重心集中在那些确实能给学生及其学习活动带来变化的事情上。

五、重视人的发展需要,"育人"与"制器"并重

服务社会、促进人的发展是教育发展的根本目的,因此高等职业教育不仅要"制器",更要"育人",重视人的发展需要。

（一）关注学生可持续发展

职业教育要培养的不仅是具有谋生技能的学生,还应关注学生的可

持续发展。高等职业教育的最高目标是为社会培养有价值的人才，同时促进每一个人才能与美德的发展。

（二）促进学生的多元发展

人的智能是多元的，所有学生都具有多元智能和不同的发展潜质。因此，高等职业教育要用全新的眼光看待学生、评价学生，肯定每名学生的特点，帮助学生选择适合自己的职业，促进学生的多元发展，促进不同发展潜质和不同个性学生的自我实现。

（三）实现学生综合素质提升

作为培养未来技能精英的高等职业教育，在重视锤炼学生扎实的专业技能，为学生寻求理想职业岗位创造必要条件的同时，更应重视学生综合素质的提升。因为随着就业竞争的增大，用人单位录用人才的标准逐渐变得更加务实，更关注求职者是否具有学习能力、合作能力及敬业精神等综合素质。

总之，高等职业教育特色日益彰显，以职业服务为宗旨、以就业为导向、走产学相结合的发展道路，已经成为未来中国高等职业教育发展的共识和行动。

第四章 载体建设：高等职业教育的专业建设与课程管理探究

专业建设是高职院校建设的重中之重，对高职院校发展具有重要意义。目前，社会、经济、政治、教育各领域得到迅速发展，这种新形势和新要求对高等职业教育的专业建设提出了新的要求和挑战。此外，现代科学技术发展迅猛，知识积累的速度加快，重大变革不断出现，科技成果转化为产品的速度加快，科学技术的综合趋势加强。面对科学技术的这些特点，"能力至上"的课程观所暴露出的弊端日益凸显。目前，我国高等职业院校普遍存在对课程把握不准的情况，严重制约了教育质量的提高，因此探究高等职业教育的专业建设和课程管理是促进高等职业可持续发展不可或缺的一环。

第一节 高等职业教育的专业设置与专业建设

专业是指高校或中职学校按照社会职业分工、学科分类、科学技术发展状况及经济社会发展的需要而划分的人才培养的学业门类。专业是人才培养问题，而人才培养是高校第一要务，因此可以说，专业设置和专业建设是高职院校的一项战略性建设内容，是高职院校发展制高的点立足之本，是学校上质量、上水平的关键，是出人才、出成果的基础，是社会需求与学校教育的结合点。

一、高等职业教育的专业设置

专业设置是指高职院校专业的设立与调整。所谓"设立"，是指专业的新建开设；所谓"调整"，是指专业的变更或取消。专业设置关系到院校能否坚持为经济建设服务的方向性和有效性，关系到能否适应学生的择业需要，以及广泛吸引生源、保持专业的相对稳定性。

（一）高等职业教育专业设置的意义

1. 对经济和社会发展的影响

高等职业教育一方面受到经济和社会发展的制约，另一方面又对经济和社会发展产生影响。

第一，高等职业教育的专业设置影响劳动力的就业结构，这是因为专业与人才数量、质量上的连带关系。

第二，高等职业教育的专业设置影响产业结构，这主要表现在人力资源的专业走向引导了产业结构的变化方向。

第三，高等职业教育的专业设置影响技术结构，技术的发展与专业的发展相辅相成。

2. 对高职院校的教育教学工作的影响

第一，专业设置关系着培养目标的具体落实。不同的专门人才只能由不同的专业来培养，不同的人才规格由不同的业务范围去体现、实施和落实。

第二，专业设置关系着师资队伍建设。高职院校的师资队伍是按照专业进行配备的，师资队伍建设一旦脱离专业设置，就不可能形成合理的结构。

第三，专业设置关系着教学设施、设备的购置与配备。不同的专业对教学设施、设备的要求是不同的，教学设备的配备、实验仪器的购置、专业教室的设置和实习基地的建设等，取决于专业的性质。

第四，专业设置关系着教学文件的制订。培养方案、教学计划和教学大纲必须根据专业的培养目标去设计、制订和编写。

（二）高等职业教育专业设置的现状

1. 国外高等职业教育专业设置现状

首先，国外高等职业教育的专业设置十分重视职业技能训练，重视行业协会在专业设置与管理中的作用，强调针对性、实践性等特点，加强与相关企业、行业的合作，增加了学生在企业实习实训的实践和机会，提高了学生的实践能力。

其次，国外高等职业教育的专业设置注意市场需求驱动，同时开始重视发展驱动，考虑学生的发展，以人为本。例如，美国社区学院的专业设置都以当地企业和团体的需要为中心，为社区教育、调查研究、社会实践服务，而且以人为本，为学生制定个人专业发展计划，以促进学生的个性发展。澳大利亚技术与继续教育（TAFE）也面向市场，以适应社会需求为目标，全方位地设置专业。

再次，国外高等职业教育的专业设置与证书挂钩。例如，英国的职业教育是证书与专业挂钩成绩比较突出的，其职业教育基本目标就是要获得职业资格证书。澳大利亚也建立了全国职业技能认证体系，毕业生要从事技能要求较高的岗位必须先持有证书。

最后，专业设置综合化。世界发达国家的高等职业教育的专业设置特点是"宽窄并存、以宽为主"，即专业设置趋于综合化，专业数目减少，专业覆盖面加大，以适应社会变迁和终身教育的要求。

2. 我国高等职业教育专业设置现状

虽然我国高等职业教育也表现出专业名称多样、专业口径宽窄并存、专业设置灵活、专业更新快、变化频繁等与属性相适应的一些特点，但受国家对高等职业教育的宏观调控相对比较弱，高等职业院校自我约束、自我发展的机能比较差和人才市场需求信息反馈的滞后与淡化等因素的制约，我国高等职业教育专业设置仍存在很大问题，具体表现在以下几方面。

（1）专业名称混乱

目前，我国高等职业教育的专业名称较为混乱，主要表现为以下几点。

第一，有的专业名称与普通高等教育的相同，体现不出高等职业教育专业针对性的特色,如四川化工职业技术学院设有高分子材料工程技术专业,而这一专业在清华大学、北京理工大学、北京航空航天大学、北京化工大学、浙江大学、山东大学、复旦大学、天津大学、吉林大学等本科类院校都有。

第二,有的专业内涵相同,而名称不相同,如上海公安高等专科学校设有交通管理专业,湖南警察学院的同类型专业则叫交通管理工程。

第三,有的专业名称相同,内涵却不同。

第四,有的学校为了吸引考生报考,将老专业换上新名称,专业名称与内涵不符,如机械数控加工类的专业名称就有数控机床加工技术、数控技术、数控机床应用与维护、数控技术及应用、现代制造技术等;计算机类专业的名称也是琳琅满目,不下20种。

第五,有的专业名称过宽,专业内涵不明确。例如,机械设计与制造专业,其涵盖了起重运输机械设计与制造、阀门设计与制造、轴承设计与制造、机床再制造技术、计算机辅助设计与制造等多个方面,园艺技术专业也涵盖了花卉、果树、蔬菜、都市园艺以及食用菌等方面。

（2）专业规模不大,热门专业重复设置

近几年来,我国高等职业教育的专业设置有一哄而上、布点过多、规模不大的现象。一些热门专业竞相上马,重复设置,以江苏省为例,如计算机专业、财经类专业遍及各校,而与江苏省支柱产业相关的食品、轻纺、材料、化工和电子机械类专业的设置比例则较低;与高新技术产业相关的生物工程、新材料、交通运输、环境及安全类专业是空白或只有1~2个专业或方向;一些基础产业如地质、矿产等也是空白。

（3）专业方向繁杂

一些专业为适应市场需求,分化出许多不同的应用方向,如秘书专业有新闻秘书、法律秘书、涉外秘书、公关与秘书等方向;同时,有些专业又在跨学科复合,如机械与电子、电气和计算机复合的专业越来越多。同时,在"宽基础、多方向"的专业改造中,不少学校存在专业发展方向不明的问题,跨门类、跨学科任意拓宽专业方向,结果在同一学校不同系科出现了专业方向重复设置的现象。

（4）新开专业的教学质量不高

不少高职院校在设置专业时带有一定的功利色彩,受经济利益的驱动,或为了维持学校生存,或从社会需求出发,盲目地设置一些专业,完全不考虑自身师资力量、教学设备、实习设施等条件是否成熟,导致新开专业没有配套的师资与设备,教学质量堪忧。

（5）专业没有特色

一些学校往往因招生的需要,比较重视新专业的设置和对"专业"的包装。设置新专业常见的做法就是将"老专业"换了个新鲜时尚的名称,开设的专业不少,真正有特色的却寥寥无几。

（三）高等职业教育专业设置的原则

高等职业教育专业设置的原则是指导从事高等职业教育和管理的人们,按照高等职业教育活动的客观规律以及专业设置的客观规律,也即根据高等职业教育的培养目标,针对地区、行业和经济社会发展的需要以及技术领域和职业岗位的实际需要设置和调整专业,处理好需求的多样性、多变性与教学需要相对稳定的关系,合理地设置专业,使得高等职业教育的专业结构、规模、质量、效益协调发展。高等职业教育专业设置的原则主要有以下几方面。

1. 方向性原则

高等职业教育的专业设置必须坚持社会主义方向,必须以党和国家及人民的根本利益为前提,以我国经济发展、教育的方针和政策为指导,以服务于建设有中国特色的社会主义这一根本目标为出发点,以培养社会主义现代化建设事业需要的人才为着眼点,以有利于社会主义精神文明和物质文明建设为依据,坚持社会效益第一,坚持社会主义的办学方向。

2. 市场主导原则

高等职业院校所设置的专业都是应用型专业,能直接有效地服务于经济的发展,要适应当时、当地的市场经济、产业结构、就业结构的变化。所以,高等职业院校设置专业要一切跟着市场走,以市场需求为导向,市场紧缺什么样的人才就设置什么样的专业,尤其是要根据本地区的支柱产业、近年来新兴的第三产业、高新技术产业以及一些特殊职业对人才的需求状况来设置专业。要想对社会需求做出客观、公正、科学的判断,高等职业院校可聘请本地区企事业界的专家或经济理论专家,组成专业委员会或社会调查委员会,了解本地区现有岗位技术人才的需求状况和社会经济发展趋势，并对这些数据、情况进行分析论证，预测未来几年所需人才的层次、规格和数量，然后再决定专业的设置和专业的取向。

3. 高职定位原则

高等职业教育的职业特色与中等职业教育的职业特色区别在"高"字上，这个"高"字主要通过专业的科技含量高、技能水平高、覆盖面较宽等方面来体现，而"职"字体现职业教育的培养目标，要具有鲜明的职业特色。

4. 重点建设原则

专业设置与调整要有利于集中力量重点建设一批示范和品牌专业。高职院校要根据社会需求，结合本校实际，确定本校的骨干和主体专业，这些专业能够充分代表学校办学特色，加大人才培养模式改革与创新的力度，并重点建设成为本校、本地区、本行业的示范或品牌专业。

5. 结构优化原则

对于高职院校而言，专业建设工作，就像走钢丝，必须找准平衡点，从而大胆前进。学校不可能针对每一个岗位设置相应的专业，只能根据不同的情况，在不同的基础上设置专业。而社会对于各类人才的需求是不断变化的，要完全适应人才市场的需要，学校就必须经常性地增设新专业，改造老专业。各高职院校在遵循专业发展规律和人才培养规律的基础上，通过合理调整和配置现有的教育资源，改善专业的内部结构，鼓励有条件的专业打破专业壁垒，整合不同专业的教学内容，构建新的教学体系，探索人才培养模式综合化、多样化的新机制。这就要求高职院校在设置专业时对于社会需求量大的职业单独设置专业，而那些社会覆盖面不广的职业可以拓宽专业口径，在同一个专业口径之下设置多个专业方向。这样宽窄并举，将专业与专业方向结合起来，形成具有较强的适应性、针对性、稳定性和动态性的高职专业体系。

6. 宏观调控的原则

政府对高校专业设置的宏观调控原则一般包括以下四个方面。
第一，政府对社会所需各类专业人才的发展趋势进行预测。

第二,区域专业结构整体优化。

第三,专业评估和质量监控。

第四,规范专业名称。

7. 办学效益原则

在设置专业时,要考虑专业的招生规模和专业的持续性,并科学地组织学校现有资源,保证应用的办学效益,避免投入大于产出。

8. 资源优势原则

高职院校有一定的资源优势或当地有可利用资源的专业应优先设置。资源优势可以转化为毕业生的就业优势,拥有这些资源优势并在教学质量上下功夫,能够提高学生的专业知识、专业技能和专业素质水平,使学生在市场竞争中具有一定的优势。所以,学校在设置专业或进行专业调整时,除强调需求导向外,还必须考虑师资、教学设施、教学资料、经费等方面的实际情况是否能保证专业培养目标的实现,包括学校师资队伍的数量、结构、水平是否与开设的专业相匹配,教学资料是否齐全、实用,教学设施是否符合规定标准,经费是否能够保证教学工作的正常运行等。同时,高职院校也可以依托行业来开设专业,利用社会上可利用的资源办学,既可以节省实训设施建设的投入,又可以让学生到企业接受实实在在的实训,真正体现高等职业教育的特色。

9. 特色性原则

专业的持续发展关键在于创造特色,做大做强。因此,高职院校的专业设置既要突出重点、形成特色,又要及时对弱势专业进行整改。对于那些已经形成明显特色和优势的专业,要重点发展,给予倾斜政策,并通过重点建设来强化这种优势和特色。通过建设,把特色和优势做大做强,并以此带动专业的整体提高和发展。

10. 前瞻性原则

一方面,高职院校的专业设置有一个适度的提前量,专业设置要瞄准科学技术和社会经济发展的方向,适当超前。另一方面,在专业内涵上,高职院校的专业设置要考虑毕业生的整个职业生涯,瞄准社会经济发展和高新技术进步的走向,增加一些与时代发展相适应的新内容。

11. 实用性原则

经济社会发展需求是专业建设的存在前提和发展动力。因此,高职院校的专业建设必须合理定位,走应用型道路,要侧重培养技术型、应用型人才,要多与用人单位沟通、联系,要多为学生成长提供良好实训、实验环境,不断满足区域经济社会发展需要,这是高职院校存在和发展的动力所在。

12. 产学结合原则

产学结合是高等职业教育院校办学和发展的基本途径。通过与企业的紧密合作,大量吸引社会、行业、企业的物质资源和智力资源进入教育过程,充分发挥行业、企业的兼职教师作用,加快"双师型"教师队伍建设,使专业人才培养真正贴近社会,符合行业、企业的实际需要。

13. 职业资格认证原则

职业资格证书是体现高职专业建设的特色之一,有无职业资格证书是决定职业教育质量高低的重要依据。无论是原有专业建设和调整,还是新设置专业,都应寻求相应职业资格证书,这既可以提高专业建设的质量,增强特色,又可以为学生就业提供通行证。

二、高等职业教育的专业建设

专业设置只是专业建设的起点,专业设置得好,设置初期高标准投入,最多也只能算是成功了一半,另一半还在于专业的后续建设,要加强投入,增加教学积累,做到专业设置一个,建设一个,建好一个,办出特色,创出品牌,走可持续发展之路。高职院校专业建设所面临的形势仍然是十分严峻的,尤其是专业改造、调整和创新问题,关系到高等职业教育的未来和发展,是一个突出的问题,是一个生死攸关的问题。针对专业建设还不能完全适应经济社会发展需求,有些专业特色不突出,优势不明显,有些专业存在招生和就业问题,高职院校必须进一步深化专业建设,调整专业方向,拓展新的专业方向,以此带动学校办学水平和教育质量的不断提高,以此推动高等职业教育事业走上健康持续发展的道路。

专业发展规划是专业建设的一项重要内容,它是专业发展的总体设想和归宿,是开展专业建设的行动纲领,是高职院校进行专业建设的基础。

(一)专业发展规划主要内容

第一,要制定好专业的总体规划。在专业建设中,高职院校应该在考虑自身的发展规律、实际情况、国内外同类专业的发展趋势、国家和高校所在地区的经济建设和社会发展需要的前提下制定好专业的总体规划。制定好专业规划,要经过深入调查研究,摸清专业前沿状况,兼顾近期与远期,选准本专业点的主要发展方向,并在一定时期内保持相对稳定。

第二,要形成专业群体优势。专业建设不能停留在彼此相对独立的一个个专业学科"单打一"的水平上,而应按照专业自身的发展规律和专业的具体情况,在建设好各个专业的基础上,大力加强专业之间的交流与联合,形成专业的群体优势,只有这样才能发挥综合实力。

第三,要加强专业带头人及队伍建设。专业建设的关键和核心是队伍的建设,而专业带头人又是学术队伍的"领头羊",是关键之关键。各高职院校必须采取有力政策引进、培养和选拔新一代专业带头人,把重点放到中青年教师方面,他们是学校师资的中坚和未来,是专业建设的生力军和后备队。各学校领导和教师都要坚持公平、公正的原则,真正把优秀的中青年人才选拔出来。

第四,加强专业的科学研究。一方面,要确立专业研究方向,一个好的专业必须形成明显的特色和稳定且具领先水平的研究方向。另一方面,要倡导研究的自觉性,在专业研究方面产生一批重要成果,尤其要在特色和优势及交叉专业方面的研究有丰硕成果,并进一步推进专业建设工作不断迈向新的台阶。

第五,培养出产销对路的人才。人才培养是专业建设成功与否的重要标志。对于以教学为中心的高职院校而言,要培养出适应、满足区域经济社会发展需要的复合型、应用型人才。

第六,加大专业建设经费投入力度。高职院校要突出重点,把有限的经费重点投入代表专业前沿方向、体现学校特色、促进学校可持续发展的一批专业上。

（二）实施专业发展规划要注意解决的问题

专业发展规划的实施是一项十分复杂的系统工程，在具体实施过程中会遇到各种各样的问题，其中有一些是必须要解决的，具体如下。

第一，思想观念问题。思想是行动的先导，改革必须有统一的思想。但实际中，许多高职院校都会存在一些落后认识，思想偏于保守，怕调整，怕麻烦，往往是左顾右盼等等看，缺少紧迫感和危机感。为此，必须统一思想认识，满足专业建设需求。

第二，教师的知识、能力结构问题。有一些教师的知识结构陈旧，跟不上时代前进的步伐和专业发展的进程，缺乏吸收新知识新信息的技能和水平；也有个别教师不图进取，缺乏吃苦精神，缺乏奉献精神，缺乏根据适应新形势需要调整知识结构的热情和主动性。这些都影响了专业方向和研究方向的调整，高职院校应该通过学校出台相应措施以求改变。

第三，要注意营造良好的专业调整氛围。这要求教师要充分认识专业建设的意义，高度重视专业建设；学校要形成尊重知识、尊重人才的良好氛围以及积极向上、不甘落后的竞争氛围。

第二节　高等职业教育的课程设置与课程体系构建

高等职业教育课程是指高等职业教育课堂教学、实践训练以及学生自学活动的内容纲要和目标体系，是教师教学工作和学生学习活动的总体规划。对高等职业教育的课程设置与体系构建进行分析，对高等职业教育的课程管理有着重要的意义。

一、高等职业教育的课程设置

高等职业教育的课程设置是高等职业教育培养技术应用型人才和高技能型人才的总体规划，它把达到培养目标所要求的教学科目及其目的、内容、进度和实现方式等在总体规划中全部展现出来。

（一）高等职业教育课程设置的依据

课程设置的依据主要包括社会需求、学科建设、人格取向、个性发展四个方面，这四个方面是交互作用的，其中的任何一个要素都不能构成高等职业教育课程设置的唯一依据。

（二）高等职业教育课程设置的原则

1. 政策性原则

高等职业教育课程设置必须坚持政策性这条基本原则，要贯彻国家的教育方针。

2. 科学性原则

在新时期，高等职业教育课程设置要准确把握行业的发展水平、行业的科技含量、行业的职业技术岗位变化、行业的市场化和国际化程度，以此作为课程决策的目标取向。

3. 多元性原则

高职院校要尽可能多的设置各种不同类型的地方课程和校本课程，供学生选择，加强隐性课程开发，使学生在课程学习中促进个性的发展。

（三）高等职业教育课程设置的定位

1. 高等职业教育课程设置目标的定位

高等职业教育课程设置既要面向未来，考虑未来社会的需求和学生生存发展的需求，又要满足当前发展需求，从我国是一个发展中国家的实际出发，实事求是。

2. 高等职业教育课程设置结构模式的定位

高等职业教育课程设置结构模式的总体思路是，以适应社会需求为根本，以技术应用为主线，以人的全面发展为目标，构建"宽基础、活模块、多方向、人本位"的课程结构模式。

二、高等职业教育的课程体系构建

这里的课程体系是指广义的课程概念下的职业教育目标的确定、功能的发挥的主要载体。课程体系的构建就其实质而言，是一种展开教育、教学等育人活动具体方案的总体设计。课程体系是高等职业院校一切教育工作的核心。

（一）高等职业教育课程体系构建的理论依据

课程体系的构建应该遵循以下几个依据。

1. 课程体系与环境

第一，与科学技术的发展相适应。随着科学技术以学科为体系迅速发展，科学技术的分工越来越细，高等教育的专业越来越多。我国以传授应用技术为主线的高等职业院校，如果采用高度分化的、互不相干的科学主义和专门职业化课程体系将无法培养出现代社会所需要的高素质人才。

第二，与产业结构调整相适应。高等职业技术教育专业覆盖面要宽一点，人才的复合性要更强一点，有利于毕业生适应变化的岗位需求。

第三，与高职院校的培养目标、人才规格、社会需求相适应。

2. 课程体系与教育思想

目前，高职教学内容和课程体系最集中地吸收并体现了下列几种高等职业教育思想。

第一，体现了"全人"教育思想。"全人"就是指全面发展的人。培养"全人"既是对人才培养目标的一种规定,同时也是高等职业教育改革的指导思想。

第二,体现了终身教育的思想。终身教育思想对教学内容和课程体系改革的影响具体体现在:高等职业教育课程着眼于学生的发展,注重学生学习能力的培养和品格的塑造;强调学生学习知识的心理逻辑和人类获得这些知识的历史线索,获得知识的过程和科学研究方法,以及学生应该掌握的继续学习的技能。

(二)高等职业教育课程体系构建的原则

1.素能本位的原则

第一,着眼于相关职业领域内的专业知识和专业技能,强化岗位群内的适应能力和就业弹性。

第二,着眼于以技术应用能力为核心的从业能力,重视学生创新能力的培养,注意学生的个性发展、全面因材施教。

第三,在素质结构上,着眼于基本素质、职业素质,兼顾扩展延伸素质。

2.全面性原则

把课程建设与专业目标、人才培养目标、学科专业建设和学校的发展紧密联系起来。课程体系建设既要注重不同层面课程群的建设,也要注重教材、大纲、教学计划及师资等多方面的建设,尽量做到全面。

3.复合性原则

高等职业教育以培养学生的综合能力为目标,因此课程体系构建要遵循复合性原则,即处理好素质教育与职业教育、科学教育与技术教育之间的复合,正确处理好知识、能力和素质的关系。

4.选择性原则

国家通过设置供选择的分科或综合课程,提供各门课程课时的弹性比例和地方。学校自主开发或选用课程的空间,增强课程对地方、学校、学生的适应性,以鼓励各地发挥创造性,办出有特色的学校。

（三）高等职业教育课程体系构建的步骤

1. 职业岗位分析

高等职业教育课程开发前的社会需求调查的范围与深度，制约着后续有关课程体系的构建工作的质量和效果。因此，高等职业教育课程体系构建的第一步就是进行岗位分析，通过确定高职专业毕业生面对的职业岗位的业务规格来精准定位岗位任职要求，从而制定出专业培养目标，为下一步进行目标任务分解奠定良好的基础。

2. 目标任务分解

目标任务分解是建立课程教学目标、构建课程的基础，分解通常是由专业建设指导委员会和具有丰富教学与实践经验的专业教师共同合作来完成的。

3. 构造设置课程

首先，通过对各理论知识和技术技能训练模块按其性质、功能、内容以及相互间的内在联系的整合，构建课程门类。

其次，按人才培养规格确定各模块教学内容的深度、广度、技术技能熟练程度，完成课程体系初步构建。

最后，按实践教学、理论教学及相关的教育活动各个模块的计划、性质、功能、框架、内容及其先后顺序等内在联系来进行整体优化设计，完成相应的课程体系的建立与课程文件的编制。

课程设置和课程体系构造工作，主要是依靠教学管理相关部门和任课教师来完成的，以便更好地发挥他们掌握教育规律的优势。但同时，积极组织广大教师深入学习高等职业教育理论，特别是思想观念的转变，对科学合理地设置课程至关重要。

第三节 高等职业教育的课程开发

高等职业教育课程必须要随着社会的需求、科技的进步不断地发展和完善。因此,课程开发是非常有必要的。

一、高等职业教育课程开发的特点

(一)特色化

高等职业教育课程会因为不同的国家、不同的地区、不同的专业而显示出不同的特色,也会在不同受教育者的身上体现出因材施教的特点。高等职业院校要逐渐创立出自身的办学特色和品牌,既能提高学生的学习效率,实现自我发展,又满足区域发展的需求。

(二)合作化

高职院校除了与国家和区域共同分享开发课程的权利之外,也要和企业积极合作,根据社会经济的需求进行课程的开发,这样开发出来的课程才能满足社会生产力的发展对人才技术水平的要求,提高受教育者未来从业的素质,实现顺利地就业和在工作岗位上的继续发展。

(三)创新性

高等职业教育课程的开发是一种创新性的活动。

首先,课程开发的指导思想要具备创新性,在开发过程中应极力避免完全或绝大部分的仿照和重复。

其次,课程开发的方式也要体现创新性,高等职业教育课程更具有时代的特点,所以更要强调开发方式的创新。

最后,课程内容的开发要体现创新思想,注重培养学生的创造性思维,这样学生可以通过课堂层面的知识和技能的学习,把思维拓展到更深更广的范围。

二、高等职业教育课程开发的原则

高等职业教育课程开发不是随意的,而是要遵循一定的原则。

（一）科学性原则

高等职业教育课程开发要建立在实地的调查和研究的基础上,不仅要在社会的企业和行业中,也要在高等职业院校内部收集足够的资料和数据进行深入分析和研究,才能科学地开发出高等职业教育课程。

（二）适应性原则

课程开发要具有一定的灵活性,开发者要用动态发展的眼光来进行课程编制,不断地对课程进行适当修改和完善。这样开发出来的课程更加具有生命力,从而适应社会和个人变化的需求。

首先,课程要适应社会经济的发展,开发出的课程要立足于国情和区域特点,为国家和区域的经济发展服务。

其次,课程要及时反映科学技术的发展,要把最新的技术、新的科学和技术不断补充到课程内容中,从而让学生了解最新的科学技术的动态和行业的发展方向,从而增强学生未来胜任岗位的能力。

最后,课程的开发也要考虑学生个性和学习心理的发展特点,培养学生的特长。

（三）综合性原则

高等职业教育课程开发是一个复杂的过程,所以更应强调综合性原则,也就是以实践为中心,综合各种职业能力发展所需要的知识和技能,并将它们按照难易程度安排在不同的教学阶段。同时,课程开发也要综合考虑不同学校、不同专业的特点,并结合区域和国家发展的要求建构出合理的课程体系。

（四）注重实践原则

高层次技术型人才所具备的智力能力和职业素养都是在工作实践中形成的，所以在高等职业课程开发中要加强实践课程的比重，同时也为受教育者提供实践学习的机会，创造实际工作的情境。

（五）发展性原则

高等职业教育要为未来培养后备的、高层次的技术型人才，那么高等职业教育课程开发不仅要立足于现实也应该具有一定的前瞻性。开发者要将高等职业教育课程开发看成一个发展的过程，要面向世界、面向未来，把新的技术和新的生产理念不断加入高等职业教育课程体系中。

三、高等职业教育课程开发的步骤

（一）高等职业教育课程开发的准备阶段

首先，确定人员。在高等职业教育课程开发之前，要成立课程开发委员会和课程小组，这些成员应该有广泛的代表性，应由课程的研究者、教学第一线的教师、行业企业的专家构成。

其次，分析可行性。人员确定以后，就要进行可行性分析，要考虑多方面的问题，如开发出的课程是否能满足社会经济长远发展，是否与劳动力市场的需求一致，是否有利于教师的教学和指导，是否能让受教育者得到知识和技能的发展，等等。

最后，了解课程目标。专业课程开发的计划确定以后，要了解该专业课程的目标。学生在学习该专业以后，知识和技能达到怎样的水平，带来怎样的社会效益，等等。

（二）高等职业教育课程开发的确立阶段

首先，要解决课程分门别类的问题。每个具体专业的课程都是由一些不同科目组成的,高等职业教育的科目按照社会实践的工作需求进行分类,并确定课程的名称。

其次,科目划分以后,就要着手开发每门课程的目标和内容,也就是高等职业教育所需要掌握的全部知识和技能,分别放入每一门课程。

最后,开发课程结构。这不仅包含高等职业教育课程各个科目之间的结构,也包括具体每一门课程内容的结构。

（三）高等职业教育课程开发的实施阶段

首先,收集资料。收集所有取得的有关研究对象的材料,包括一些文献资料、座谈会记录、调查访谈问卷、教师笔记、学生书面作业、实习实训的内容、测验测试结果等新旧材料。

其次,整理资料。核对资料的来源是否全面完整、是否准确,然后根据需要将所有收集到的资料按照门类分别整理好,并在分类中取优弃劣,挑选出有代表性、有典型性的资料。

再次,分析处理资料。资料整理以后,就要对不同性质的资料进行分析和处理,找出对课程实施有一定价值的资料,并对这些有价值的资料进行探讨和技术加工。

最后,制订课程实施方案。课程实施方案也叫课程计划,是对已有课程的一种变革。在高等职业教育的课程实施中也要关注如何建立实训基地的问题,给学生提供学习技术和技能的机会,让专业理论转变成专业实践。

（四）高等职业教育课程开发的评价阶段

课程评价应该是开放的、客观的。

首先,课程评价的主体不仅包括校方的人员和教育专家,也要吸引一些社会群体参与进来,尤其要强调企业代表的介入。

其次,评价的过程也要避免绝对的量化,如一些智力技能是很难测量出来的,需要在实际工作中得到体现。

四、高等职业教育校本课程的开发

校本课程开发有利于构建特色专业课程体系、更好地为区域经济发展服务、充分发展学生个性、提高教师的教育教学能力和核心地位。

（一）高等职业教育校本课程开发的理念

（1）正确认识校本课程的本质。校本课程是根据国家的教育目标和地方的教育要求，由学院教师针对本校的环境因素和学生学习的实际需求进行编制、实施、评价的课程。可见，校本课程是以学院为基地，以学生的发展需求为内容，以区域经济发展要求为导向的课程。

（2）确立新的校本课程开发理念。校本课程的开发要指向人的发展，指向学生专业知识和专业技能的提高，指向学生职业素质的提高和个性的张扬。只有在这一理念统领下，正确认识和处理国家课程、地方课程和校本课程的关系，才能使三者相辅相成、相互渗透、相得益彰。

（二）高等职业教育校本课程开发的特点

1. 校本化

校本课程是以学院发展为本的课程。校本课程开发的全部活动要素，从计划的制订、内容的设计到相应评价体系的建立，都是在高职院校中完成的。

2. 个性化

校本课程是一种个性化、特色化的课程。校本课程的编制与开发是为了满足学生多样化的学习需求，满足学生的多种选择，促进学生多方面的发展，逐步形成学院的办学风格。

3. 自主性

校本课程的开发是学院自主的开发行为。在校本课程决策、编制与实施中，学院具有一定的自主权。学院不仅仅是执行课程的机构，同时也是开发、编制课程的具有专业自主权的组织。校本课程开发需要有校外专家的支持和指导,但是学院教师是开发的主体。

4. 研究性

校本课程开发既是学院院长与教师行动研究的过程,又是行动研究的结果。确立什么样的校本课程开发理念,在多大范围内开发校本课程,采取什么样的开发策略,如何充分利用院内外教育资源和课程资源,如何实施校本课程的教学,在开发过程中如何提高教师专业水平和专业素质,如何发挥教师的主体作用等,这些都需要进行深入研究。

(三)高等职业教育校本课程开发的路径

1. 根据本院实际,选定校本课程开发的重点

高职院校校本课程的开发,必须从学院的实际出发,认真分析、研究学院的地理环境与内部环境等。

首先,要认真研究学院所处的地理环境。地理环境的不同影响着高职院校的办学特色。

其次,要研究学院内部环境,即物的环境和人的环境。物的环境是指学院的场地、校舍、实验实习装备、设施等,人的因素包括校风、教风、学风等。

2. 分析专业特色,突出校本课程开发的发展性

高职院校的校本课程既要把握专业特色,又要体现其发展性。专业特色既是校本课程开发的生命力,也是学生成长的一种动力和学院发展的一种潜力,进而为达成高等职业教育的培养目标服务,为区域经济发展服务。发展性则是要充分分析和预测区域经济发展的趋势、科学技术的发展水平以及学院发展的潜力,使高职院校的校本课程在一段时间内不至于落后经济与技术的发展。

3. 校本课程开发要高度重视知识的综合性

校本课程的综合性,既指文化知识的综合,又指专业知识的综合;既指专业技能的综合,又指实践活动的综合。高职院校校本课程的开发,必须充分重视扩大学生的知识视野,促进学生职业素质的提高。这

就要求高职院校校本课程的开发要密切联系学生的生活实际,使学生的文化知识素质、专业知识素质、专业技能素质和人格素质得到全面提高。

4.校本课程开发要重视研究学生的需求

研究学生的需求是校本课程开发的必要环节,它既是学生学习的内在动力,又是学生学习的内在需求。它涉及学生认识的需求、心理发展的需求以及未来发展的需求等。对学生学习需求进行分析和研究,有利于校本课程更具有针对性和独特性。研究学生学习需求的核心是,分析学生的现有状况与应有状况之间的差距。学生学习需求研究可以在学生个体层面、专业层面、发展需求层面以及全院不同年级、不同专业的整体分析上进行。

5.校本课程开发要体现创新精神

高职院校的校本课程开发,本身就是一种创新活动,没有现成的经验可以借鉴。在校本课程开发中,不仅要重视结果的创新,更要重视过程的创新。创新精神要求高职院校校本课程的设计,应该是民主的、科学的、开放的。民主的是说校本课程要为学生创造一个宽松和谐的学习氛围。科学的是指课程的目标、内容的科学性,专业知识和专业技能结合的科学性。开放的是指校本课程的设计要为学生的个性发展和未来发展留有一定的空间,激发学生的创新精神。

第四节　高等职业教育课程的建设与管理

一、高等职业教育课程的建设

课程建设对深化教育教学改革、提高教学质量、培养合格人才具有重要作用。课程建设应坚持高职院校办学方向,切实贯彻党的教育方针,体现高等职业教育培养目标和专业特点,使课程教学规范化、科学化、现代化,把课程建设的过程作为深化教学改革和提高教学质量的重要举措。

（一）高等职业教育课程建设的原则

第一，先建设必修课，后建设选修课。先建设主要课程，后建设一般课程。

第二，在试点与总结经验的基础上，以点带面，推动全校课程建设工作。

第三，校级重点建设课程应选各专业的主要课程，尤其是全校性的主要基础课程，如计算机应用基础、外语、邓小平理论概论等。

第四，主要课程的全面建设和一般课程的单项建设相结合。

（二）高等职业教育课程建设的内容

1.教学内容建设

要根据本课程在实现专业人才培养目标中所起的作用选择教学内容，内容要体现科学性、先进性、实用性和适用性。基础理论强调"必需、够用"，专业知识强调"针对性"。

2.教学条件建设

教学条件包括教学文件、教材、教学设备及手段、实验设施、实训基地等。

第一，制订或修订课程教学大纲。教学大纲包括课程的教学目的、任务、内容、范围、体系、教学进程、时间安排、实践活动以及教学方法等，要具有科学性、先进性、可行性和实践性。

第二，选用或编写适用的教材和教学参考资料。教材是课程教学的主要工具之一，包括课堂教学用书、习题集、实验指导书、课程设计指导书等。选用教材应体现高职特点，符合课程教学大纲的要求，具有科学性、先进性和适应性。教学参考资料包括教学指导书、计算机辅助教学（CAI）课件、教学录像带等。教学参考资料应比较齐全，使用效率较高，效果良好。

第三，教学设备与教学手段建设。高等职业教育应特别注意采用计算机辅助教学、音像视听教学、模拟情景教学、多媒体教学等现代化教学手段。

第四,实验、实训设施及基地的建设。高等职业教育在课程建设中应认真考虑实验内容及相应实验室建设、实训内容及相应实训基地的建设,保证学生技能得到应有的培训,并充分注意技能等级和达标比例的不断提高。

3. 师资队伍建设

高职院校应努力建设年龄和职称结构合理、"双师素质"比例较高、能胜任课程教学的师资队伍,积极培养和选拔课程建设带头人。

4. 教学过程建设

第一,深入进行教学研究和改革,有明确的教改方案、措施或教学研究项目。

第二,注重授课质量,主讲教师必须做到讲课条理清楚、逻辑性强、有启发性。

第三,教师课后认真批改作业,能定时、定点采取讨论课、习题课等多种形式进行答疑辅导。

第四,严格执行考核制度,积极筹建试题库、试卷库,实现考教分离。

第五,加强对学生的心智与技能训练,大力更新实践内容,改革实践方法与考核方法。

(三)高等职业教育课程建设周期与步骤

课程建设的周期一般为两年。第一年年底进行中期评估检查,第二年年底做终期评估验收。

课程建设工作分为申请、审批、实施、验收四个阶段。

第一阶段:申请。系主任为第一责任人,每年向学院推荐数门主要课程为校级课程建设项目,建立课程建设小组,确定项目负责人。

第二阶段:审批。由校专业建设指导委员会审批校级主要课程建设立项。

第三阶段:实施。系(部)必须领导、督促各门课程建设小组,认真实施课程建设中所规定的各项任务，项目实施期限最长为两年。

第四阶段：验收。系（部）对校级课程建设的结果首先进行自评，一般每年 6 月底前向学校申请验收。

（四）高等职业教育课程建设评价

课程建设评价等级分为"优秀"（总分超过 90 分）、合格（总分超过 60 分）、"不合格"三级。凡验收获"优秀"或"合格"的课程，学校予以表彰，须发证书和奖金。凡验收"不合格"的课程，应在全面总结的基础上，针对薄弱环节继续进行建设与完善。

二、高等职业教育课程的管理

（一）高等职业教育课程建设经费管理

学校每年专拨课程建设经费，用于校级课程建设。款项根据课程性质进行分配。课程建设经费由课题组立项申请，经教务处审查，报校长批准后，下发各课题组，款项由课题组负责人掌管使用，专款专用。各门课程建设经费主要用于课程建设指标体系中重点项目的经费开支，其中调研或有关专业会议等差旅费不得超过 1/3。课程建设经费系专项经费由教务处统一管理，每年年终各课题组必须将经费使用明细表和课程建设年度小结统一送教务处审核。

（二）高等职业教育精品课程建设管理

精品课程是学校办学水平的重要标志，高职院校必须有反映特色的精品课程。精品课程的建设包括制订科学的建设规划、教学内容建设、师资队伍建设、教学方法和手段建设、教材建设、实习、实训基地建设和机制建设等。

第一，制订科学的建设规划。在制订规划时要注意建立合理的知识结构，着眼于课程的整体优化，反映学校的教学特色。

第二，教学内容建设。在课程内容体系结构中，内容的取舍遵循教学规律，知识结构有序可循，知识的综合具有有机性和相融性，教学内容与培养目标相呼应,根据课程目标选择、组合知识,确定基本内容。

第三,师资队伍建设。在师资队伍建设上要以"三个面向"为指导,结合人事管理制度改革,坚持以高起点、高标准为原则进行师资队伍建设,逐步形成一支由主讲教师负责,结构合理、人员稳定、教学水平高、教学效果好,并按一定比例配备辅导教师和实验教师的教师梯队。

第四,教学方法和手段建设。根据课程特点灵活地实施教学,采用现场教学、案例教学、讨论式教学等教学方式加大训练强度,引导学生自主学习,改革考试方法等。同时,高等职业教育精品课程的教案、大纲、习题、实验以及教学文件与参考资料都应网上开放。

第五,教材建设。教材内容应符合教学内容和体系要求,适当引入本课程领域中的一些科技内容、新工艺和新方法。教材的形式应便于学生自主学习。

第六,实习、实训基地建设。要充分考虑精品课程实训要求,模拟生产一线或就业岗位环境,把单个实验(实训)室的建设向综合性、创新型实践基地发展,把课程搬到企业中,建设成能适应本专业培养目标、培养学生的技术应用能力和实践创新能力的实践教学基地。

第五章 质量提升：高等职业教育的教学与科研管理探究

高等职业教育是以就业、转换职业和提高技术为目的的，强调培养高级应用型专门人才，搞好科学研究，促进科学技术转化为生产力。为此，高等职业教育在发展的过程中必须做好教学与科研管理，以切实提高教育的质量，推进教育的进步、社会的发展。在本章中，将对高等职业教育教学与科研管理的相关内容进行详细探究。

第一节 高等职业教育的教学体系与教学运行机制构建

在当前，我国高等职业教育面临着诸多急需解决的问题，如办学特色问题、教学师资问题、教学质量问题、学生就业问题等。对高等职业教育面临的这些问题进行深入分析，可以发现教学质量问题是高等职业问题面临的最主要、最表面化的问题。因此，高等职业教育在发展的过程中，必须高度重视教学质量的提高。由于良好的教学体系与教学运行机制对教学质量的提高具有重要的作用，因此高等职业教育必须重视教学体系与教学运行机制的构建。

一、高等职业教育教学体系的构建

高质量的教育，是通过高质量的教学来完成的。因此，教学环节是高等职业教育的中心工作环节。而高等职业教育在实施教学环节时,必须重视构建具有自身特色的教学体系,以便在突出高等职业教育特色、促进高等职业教育发展的同时,不断提高人才培养的质量。

（一）高等职业教育教学体系构建的原则

高等职业教育教学体系的构建必须以一定的原则为基础,以确保所构建教学体系的科学性与实效性。具体而言,高等职业教育在构建教学体系时必须遵循的原则有以下几个。

1. 高教性质与职教性质相结合原则

高等职业教育从层次上来说属于高等教育,但从类型上来说则属于职业教育。也就是说,高等职业教育既具有高等教育的性质,也具有职业教育的性质。因此,高等职业教育在构建教学体系时必须切实遵循高教性质与职教性质相结合的原则,即要处理好能体现高教特色的理论教学与体现职教特色的实践教学的关系。

2. 针对性原则

针对性原则指的是高等职业教育在进行教学体系构建时,必须要有面向工作岗位的针对性,即高等职业教育教学的内容必须针对本地区经济社会发展状况,针对岗位需求状况,以便培养出更多急需的应用型人才。

3. 适应性原则

高等职业教育是与产业发展、产业结构变化有着密切联系的教育,其根本任务就是促进经济社会发展和产业结构的调整和发展。这就决定了高等职业教育必须以经济社会发展的实际以及产业结构的现状为依据,不断对自身进行调整,以便更好地发挥自身作用。由于高等职业教育的调整主要是通过其教学的调整体现出来的,因此高等职业教育在构建教学体系时必须遵循适应性原则,即依据经济社会发展的实际以及产业结构的现状对教学的内容、教学的模式等进行调整,以便更好地适应和促进经济社会的发展。

4.灵活性原则

灵活性原则指的是高等职业教育在进行教学体系构建时，要特别注意以下两个方面。

第一，高等职业教育在进行教学体系构建时，必须要充分考虑教育对象的各种差异性（如性格、学习时间、学习要求等），设置以灵活性为主的模块化课程以便满足不同性向的学生的需要。

第二，高等职业教育在进行教学体系构建时，必须注重培养学生上岗、转岗、创业的灵活应变能力。

5.超前性原则

在当前，终身教育已成为一种不可逆转的发展趋势。高等职业教育必须顺应当前终身教育发展趋势，为人的一生发展服务。也就是说，高等职业教育不再是终结性教育，它应该为人的一生不断接受教育、培训提供各种可能的机会和条件。这就决定了高等职业教育在构建教学体系时必须遵循超前性原则，以便所教授的内容能够满足学生的未来发展需要。

6.本土化与国际化相结合原则

本土化与国际化相结合原则指的是高等职业教育在进行教学体系构建时，既要结合我国国情，突出本国特色，又要面向世界，借鉴世界其他国家发展高等职业教育的先进经验。只有这样，才能确保高等职业教育所构建的教学体系与国际接轨，继而培养出国际化的高等职业教育专业人才。

（二）高等职业教育教学体系的内容构建

高等职业教育在构建教学体系时，除了要遵循以上原则，还必须要做好内容体系的构建。一般来说，高等职业教育在进行教学体系构建时，必须包括以下几方面的内容。

1.教学指导思想

教学指导思想对教学的方向及其顺利开展起着重要的作用，因此高等职业教育在构建教学体系时,必须要包含教学指导思想这一项内容。就当前而言,高等职业教育的教学指导思想应该要强调"以人为本",重视培养全面发展的人,培养学生自我终身发展的能力。

2. 教学目标

教学目标是高等职业教育在构建教学体系时必须要考虑的一项内容。就当前而言,高等职业教育在确立教学目标时,应注意与社会需要和企业生产的实际相贴近,即培养高等教育层次的技术型人才。此外,高等职业教育在确定教学目标时应兼顾现实性与发展性的统一,满足社会和人可持续发展的根本需求。

3. 基础教学

基础教学即融人文、科技于一体,重在培养学生综合素质的公共基础课教学。在高等职业教育的教学体系构建中,基础教学也是一项不可或缺的内容。其需要有广博的内容,并要实现以下几个基本目标。

第一,培养学生树立正确的世界观、人生观和价值观,形成良好的道德素养。

第二,引导学生掌握体育锻炼的科学理论与方法,不断提高自己的身体素质。

第三,引导学生形成一定的能力,如信息交流和获取能力、计算机基本应用能力等。

第四,引导学生形成较为深厚的人文社会科学和自然科学素养。

4. 专业理论教学

高等职业教育的教学必须包括专业理论教学这一项内容。在当前,关于高等职业教育到底传递什么类型的理论知识,传递多少理论知识,什么时机传授为宜,还需要探讨。但可以确定的一点是,高等职业教育的专业理论教学不在于让学生达到掌握"为什么"的水平,而主要在于能够达到通晓"是什么"和学会"怎么样"的层次,即达到"知其然,不知其所以然"的水平即可。这就决定了高等职业教育的专业理论教学必须要突出基本性、综合性和应用性,以便学科知识和应用知识能够得到有机融合。

5. 专业实践教学

高等职业教育是适应市场需求而设立的一种专门培养高技术应用型人才的新型教育模式，强调以技能培养为核心。职业技术教育最显著的办学特点是职业性、技能（技术）性和实践性。因此，重在培养学生实践能力的专业实践教学也是高等职业教育教学的一项重要内容。

二、高等职业教育教学运行机制的构建

高等职业教育教学运行机制，对于高等职业教育的质量也有重要的影响。因此，高等职业教育在发展的过程中，必须重视教学运行机制的构建。

（一）高等职业教育教学运行机制构建的原因

高等职业教育在发展的过程中，既要适应经济社会的发展以及产业结构的变化，又要能够促进经济社会的发展以及产业结构的调整。因此，高等职业教育在发展的过程中必须切实树立经济社会求生存、服务经济社会求发展的观念。事实上，经济社会的发展以及产业结构的调整也是高等职业教育必须要构建教学运行机制的一个重要原因。只有构建了良好的教学运行机制，高等职业教育的教学才能顺利进行，继而培养出更多高质量的应用型人才，推动经济社会的不断发展以及产业结构的合理调整。

（二）高等职业教育教学运行机制构建的基础

高等职业教育教学运行机制构建的基础，便是加大"双师型"教师队伍建设力度。与普通高等教育相比，高等职业教育的师资有自身鲜明的特色，即要求教师既要有一定的理论知识，又要有一定的实践经历，要熟练掌握技术，具备实际操作能力。也就是说，高等职业教育的教师必须是专业理论宽厚扎实、专业技能熟练和实践工作经验丰富的"双师型"教师。事实上，高等职业教育只有真正建立一支"双师型"教师队伍，才能真正实现技术型人才培养目标，并不断提高教育质量。因此，高等

职业教育在进行教学运行机制构建时,必须重视"双师型"教师的建设与完善。

(三)高等职业教育教学运行机制构建的核心

高等职业教育在构建教学运行机制时,最为核心的一项内容便是构建"宽基础、活模块、多方向"的课程专业模式。在当前,随着市场经济的发展不断深入,企业的竞争日趋激烈,人才的流动性进一步加快,企业急需大批经过职业基本训练的工作者,这要求职业的基本训练在学校完成,学习者既需要具备特定岗位能力,又需要具备一定的转岗、换岗能力,有可持续发展的能力。鉴于此,高等职业教育就应该适应企业与学生的需要,既要适应现实,又要面向未来,而"宽基础、活模块、多方向"的课程专业模式恰恰能够对这种需要予以满足。

所谓"宽基础、活模块、多方向",就是在比较宽的基本文化和专业基础素养之上,采用多种灵活的、有助于学生按需学习的模块化课程(即根据对某一岗位群所进行的科学分析,确立该岗位群所必备的态度、知识、技能和技术,然后把这些态度、知识、技能和技术分为若干相对完整的单元,并提供单元课程或者说"模块",从而建构起与某岗位群相对应的活模块课程),并以之为基础,灵活地进行各种形式的有机组合,形成相应的多种专业方向,培养基础宽、适应性强的人才。如此一来,培养出的高职学生不仅能胜任一个岗位的需要,还能具备很强的转岗、换岗和继续深造的能力,继而为高职学生的长远发展奠定重要的基础。

(四)高等职业教育教学运行机制构建的关键

高等职业教育在进行教学运行机制构建时,最为关键的一项举措便是加强实训,突出产学结合。高等职业教育的教学特色主要是通过其实践教学体现出来的,因而教学实践基地建设便成为办好高等职业教育的关键。实际上,教学实践基地的建设也关系到高等职业教育的教学能否顺利运行。因此,高等职业教育在发展的过程中必须大力建设培养综合实践能力的实训基地,加大实训力度,切实培养出第一线的高级应用型人才。

第二节　高等职业教育教学的质量管理与标准化管理

质量作为高等职业教育的生命线,直接关系到高等职业教育的首要指向和追求。因此,在开展高等职业教育的教学管理时,必须重视教学的质量管理。此外,高等职业教育在开展教学管理时,要注意更新观念,改进工作模式,不断实践和探索教学标准化管理,以便教学管理收到更好的成效。

一、高等职业教育教学的质量管理

所谓高等职业教育教学质量管理,就是通过对教学全过程进行检查、监督、测评、控制以促进教学质量的提高。

（一）高等职业教育教学质量管理的重要性

在高等职业教育的发展过程中,开展教学质量管理有着十分重要的意义,具体表现在以下几个方面。

1. 能够促进高等职业教育人才培养目标的实现

高等职业教育的人才培养目标是通过教学活动实现的,因而教学的质量必然会对人才培养目标的实现产生重要的影响。教学质量管理的顺利进行,有助于引导高职教师全面认识教学过程的本质,科学地把握教学工作的各个环节,正确处理教学中出现的各种矛盾,继而有效地实现高等教育的育人目标。

2. 能够促进高素质师资队伍的建设

高等职业教育的一个很重要的任务就是需要建设具有较高职业素质和教学能力的"双师型"师资队伍。由于高等职业教育的教学质量与教师的职业素质、教学能力等有着密切的关系,因此只有注重教学质量管理,才能促进教师职业素质和教学能力的发展和提高,继而有效地提高教学质量。

3. 能够促进高等职业教育的健康可持续发展

当今世界正处在大发展大变革时期,我国也正处在经济、社会改革发展的关键阶段。在这样的发展阶段,国家迫切需要大量的生产、服务、管理一线的高素质应用型人才。由于这类人才的培养任务主要是由高等职业教育承担的,因此现阶段高等职业教育的规模急剧扩大,招生人数猛增。但是,高等职业教育在扩大规模的同时,教学资源变得日益紧张,教学质量问题也变得越来越突出,严重制约了其健康可持续发展。面对这一现实,高等职业教育必须走以提升教学质量为核心的内涵式发展道路,做好教学质量管理,以有效提高教学质量,做到规模、效益、质量等方面协调发展。也就是说,高等职业教育只有做好教学质量管理,才能促进自身的健康可持续发展。

4. 能够促进高等职业教育教学改革的进行

教学质量是高等职业教育的生命线,而提高教学质量是高等职业教育教学改革的永恒主题。因此,要想促进高等职业教育教学改革的顺利进行,高等职业教育必须切实增强质量意识,始终坚持以质量求生存、以质量求发展,并要做好教学质量管理,以便不断提高自己的教学质量。

5. 能够推动整个高等教育的健康发展

高等职业教育是高等教育的一个重要组成部分,因此高等职业教育教学质量的提高对于整个高等教育的健康发展也有重要的作用。为此,高等职业教育必须重视教学质量管理,确保各项工作都围绕教学质量开展,以便办出人民都满意的教育。

(二)高等职业教育教学质量管理的原则

高等职业教育在开展教学质量管理时,为了确保取得良好的管理效果,必须遵循以下几个原则。

1. 全员性原则

高等职业教育的教学质量不仅与学校领导、教学单位或教务处相关，而且与教师、学生等都有着密切的关系。因此，高等职业教育的教学质量管理必须遵循全员性原则，即高等职业教育的教学质量管理必须做到全员参与。

2. 系统性原则

教学质量涉及各类主体，如领导、教师、学生等，也涉及各类客体，如教学设施和条件、教材等，还与学校的顶层设计，如学校办学宗旨、定位及培养目标等有关，可谓是一个复杂系统共同作用的结果。因此，在开展教学质量管理时必须要遵循系统性原则，确保与教学质量相关的主客体都能得到有效管理。

3. 全程性原则

教学工作不是一时之事，而是一个连续不断的展开过程，贯穿在整个学校教育过程中。同时，教学工作不仅仅表现在课堂中，还涉及课前、课后等环节。因此，教学工作是一个全面的过程。由于教学质量是在教学实施过程中形成的，因而在开展教学质量管理时，必须要对教学的全过程进行质量管理，以确保教学切实收到良好的成效。

4. 可操作性原则

高等职业教育的教学质量管理应遵循可操作性原则，即力求有具体、明确的内涵，有简单的操作程序，采用最方便、有效的工具，各环节的接口做到衔接顺畅、合理，使用起来省时、高效。

（三）高等职业教育教学质量管理的途径

在开展高等职业教育教学质量管理时，为了确保达到理想的效果，可以借助以下几个有效的途径。

1. 设置合理的教学质量管理机构

教学质量管理机构的合理设置，对于教学质量管理工作的顺利开展以及教学管理的效率都具有重要的影响。因此,高等职业教育教学过程中,必须重视教学质量管理机构的设置。

由于我国地域辽阔,各地的经济水平和办学条件存在差异,每所高职院校的性质、规模、师资队伍情况等都有所不同,因此高职院校在设置教学质量管理机构时不能千篇一律,要考虑自身的具体情况,切莫盲目攀比,强求一律。

2. 做好教学常规检查工作

高等职业教育在开展教学质量管理时,做好教学常规检查工作是一个十分有效的途径,具体可从以下几方面着手。

第一,要建立日常教学检查制度,如听课制度等,并切实予以实施。

第二,要经常性地开展教学检查,如学年(学期)教学准备工作检查、期中教学检查、学年(学期)末教学检查等。

第三,在进行了教学检查后,要及时进行总结与反馈,以便教学质量能不断得到提高。

3. 做好学生成绩考核工作

在开展教学质量管理工作时,进行学生成绩考核也是一个十分有效的手段。在这一过程中,要注意运用笔试(闭卷与开卷)、口试、课程设计与毕业设计、答辩、实际操作等多种考核方式,以确保考核结果更为公正、全面、准确。

4. 做好教学质量的评价工作

对教学质量进行评价,不仅能够使教学质量管理更为科学有效,而且能够促进教师教学业务水平的不断提高和自我完善。在具体开展教学质量评价工作时,要坚持严肃、认真、科学的态度,要以客观事实为基础,要设计具有可操作性的评价方案,以切实诊断出教学工作中存在的问题,促进教学工作更为规范化、制度化和科学化。

此外,在开展教学质量评价工作时,要涉及学生成绩、培养目标、教学计划、课程结构与衔接、课程教学内容、理论与实践性教学等多方面的内容,并要在评价完成后写出分析报告,提出改进意见。

二、高等职业教育教学的标准化管理

（一）高等职业教育教学标准化管理的重要性

在高等职业教育教学管理中，做好教学标准化管理也是十分重要的，具体表现在以下两个方面。

1. 能够促进教学工作效率的提高

开展高等职业教育教学标准化管理，既能够明确教学工作的步骤、避免重复劳动、无效劳动，也能够减少教学工作中的脱节、扯皮现象，从而促进教学工作的顺利开展，继而有效提高教学工作的效率。

2. 能够促进教学质量的提高

从现代管理学的角度看，机构的管理水平是机构各实体性要素的倍增器，软弱的管理会放大学校原有的薄弱环节，使之陷入恶性循环；相反，通过加强管理，就可以进行资源整合与优化，就有可能在一定程度上弥补实体性要素的部分缺陷。高职院校建校时间短，尤其一些新升格和新创建的高职院校，办大学的经验比较欠缺，管理水平急需提高，采用教学标准化管理可起到事半功倍的效果，为提高教学质量提供重要保障。

（二）高等职业教育教学标准化管理的体系

就当前而言，高等职业教育教学标准化管理体系应包括以下几方面的内容。

1. 教学标准化管理的组织机构

由于教学标准化管理系统实际上是信息反馈系统和过程控制系统，因此根据"管理就是控制"的原理，在教学标准化管理组织机构中要明确校领导、教务部门及其工作人员，各教学单位领导、教师和学生等在教学标准化管理系统中所具有的"控制器"（主管系统、管理者）、"贮存器"（资料室、档案室、信息数据库）、"执行机构"（执行人员）、"监督器"、"测量器"（检查人员）等职责。

2. 教学标准化管理的程序

高等职业教育教学的标准化管理,涉及多个地位不同、作用不同的参与者。通过明确教学标准化管理的程序,可以使教学标准化管理的参与者明确自身拥有的权利以及所要承担的义务,以便于进行事前布置、事中控制和事后监督检查。

3. 教学管理的标准

教学标准化管理的体系规定了信息反馈系统和过程控制系统中各个层次(校领导、职能部门、教师、学生)的权利、义务;教学标准化管理程序确定了信息反馈和过程控制的流程。根据系统科学的原理,一个好的调控系统从信息传递的角度看还必须具有信息流的过滤、压缩、分解功能,从控制的角度看还必须具有调控目标部分的比对标准。这就需要在教学标准化管理的体系的各个节点以及信息反馈和过程控制的流程的各个环节建立"标准"。

第三节　高等职业教育的实践教学及其有效管理

高等职业教育的任务和人才培养目标简单来说就是培养生产、管理、服务一线的高素质、高技能应用人才,这就决定了实践教学在高等职业教育中占据着重要的地位。因此,高等职业教育在开展教学及其管理工作时,必须高度重视实践教学,并对其进行有效的管理,以促进实践教学质量及整体教学质量的有效提高。

一、高等职业教育实践教学的内涵

(一)高等职业教育实践教学的重要性

在高等职业教育的教学过程中,加强实践教学有着十分重要的意义,具体表现在以下几个方面。

1. 有助于提高高等职业教育人才培养的质量

高等职业教育的主要特色在于它培养的人才具有较强的技术应用能力和较高的职业素质。而技术应用能力和职业素质的获得,在很大程度上依赖于高等职业教育的实践教学。

具体来说,高等职业教育通过开展实践教学,一方面可以使教师更好地了解社会经济发展对人才素质的需求及其发展趋势,从而以此为依据对自己的教学内容、教学方法等进行改革,使自己的教学能更紧密地与社会实际相结合;另一方面可以使学生真正从思想上重视实践教学,不断提高自己的实践能力,继而在毕业后能够真正地走向生产、建设、管理、服务第一线工作,为社会的发展做出重要的贡献。

2. 有助于高等职业教育教学改革的进一步深化

由于受到传统办学模式的影响,高等职业教育在进行教学改革时,总是跳不出传统的以学科为中心的教学模式的框框。这不仅制约了高等职业教育教学改革的效果,而且影响了高等教育教学质量的有效提高。而以实践教学为高等职业教育教学改革的突破口和切入点,可以使传统的教学变成教、学、做相统一的特殊课堂,不仅能有效激发学生的学习积极性和主动性,而且能促进高等职业教育教学改革不断取得成效。

3. 有助于产学研的融合不断深入

高等职业教育要想在未来获得可持续发展,必须要走产学研相结合之路,而实践教学是高等职业教育实现产学研结合的一种重要形式。它以实践教学基地为依托,开展地区性新技术的研发和新技术推广应用工作,实现学校对地方产业的直接介入。

(二)高等职业教育实践教学的结构

高等职业教育实践教学的结构,也就是构成高等职业教育实践教学系统的各个组成部分及其稳定的结合方式。就当前来说,一个完整的高等职业教育实践教学系统,必须具有以下几个组成部分。

1. 实践教学的内容

高等职业教育的人才培养目标,只有通过具体的教学内容才能体现出来。也就是说,高等职业教育在选择实践教学的内容时,必须要与人才培养的目标保持一致,以便培养的学生能够成为"合格的职业人"。

2. 实践教学的课程组织形式

高等职业教育实践教学在明确了教学内容后,就需要采取适当的课程组织形式将其呈现出来。在高等职业教育实践教学中,与教学内容相对应的课程组织形式通常有见习、实验、实训、实习等。其中,见习课是由学校教师组织学生,带着事先布置的作业课题到相关职业工作现场去参观,通过观察、听取职业人士介绍、提问交流和反思总结等环节,解决对社会职业岗位工作的认识和初步体验问题;实验、实训课主要由学校教师组织学生到学校相应的实验室、实训基地等地方进行,能有效培养学生的职业基本操作知识和技能;实习可分为顶岗实习、参与职业岗位工作实习等形式,是培养学生职业综合素质与技能的最有效途径。

3. 实践教学的基地

高等职业教育实践教学的顺利开展,必须以充足的实践教学基地为基础。因此,高等职业教育必须重视实践教学基地的建设。在当前,高等职业教育实践教学的基地有校内与校外之分。对于校内实训基地的建设,要强调建成针对性强、仿真性高、模拟性实、开放性大的实践教学基地,形成有利于学生学习新技术、经历新工艺、灵活学习的技术教育学习环境。同时,要面向社会,依托行业、企业以及行业主管部门,与企业合作建设实现教学方案的校内外实训基地。

4. 实践教学的时间

高等职业教育的实践教学,从时间安排上来说有短期与长期之别,短的可能只有几个星期,长的可能一年甚至一年以上。此外,高等职业教育的实践教学从时间上来说也有集中式与全程式之分。其中,集中式是将全部或主要的实践教学集中安排在学生即将毕业的那一个时段;全程式则是将实践教学循序渐进地安排在学生的整个学习期间。在开展具体的实践教学时,高职院校必须依据自身以及学生的实际情况,对实践教学的时间进行合理安排。

5. 实践教学的保障

高等职业教育实践教学的保障即为高等职业教育的各种实践教学所提供的保障性投入，包括实验、实训、实习基地建设、实践教学的制度保障、实践教学的经费投入、实习指导教师队伍建设等方面。只有这些保障性投入都真正落实，高等职业教育实践教学才能得到顺利实施，继而取得良好的成效。

6. 实践教学的效果监控

高等职业教育实践教学的效果监控，也就是对高等职业教育实践教学进行评价的组织和实施过程，有全程、过程监控与结果评价、校内教师监管与聘请企业人员监管等多种方式。

二、高等职业教育实践教学的有效管理

关于高等职业教育实践教学的有效管理，这里着重阐述一下实习（实训）教学管理和实践教学的实习（实训）基地管理。

（一）高等职业教育实习（实训）教学管理

高等职业教育的实习（实训）教学管理，可具体从以下几方面着手。

第一，必须确保所有的高等职业教育实习（实训）教学都具备教学大纲，而且该教学大纲应依据专业教学计划中对人才能力、素质培养的具体要求编写，内容要包括学习目的、任务、方式、程序、时间分配、成绩评定标准和方法及其他有关事项。

第二，必须选择适合的高等职业教育实习（实训）场所，以确保制定好的实习（实训）任务能够顺利完成。在这一过程中，要注意节约物力与财力，要尽可能与学生的就业相结合，并要确保实习（实训）基地是相对固定的，以便长期使用。

第三，必须选派适合的实习（实训）指导教师，既要有一名认真负责、经验丰富的教师作为责任教师，也要有根据实习（实训）性质和任务安排一定数量的年轻教师，以保证实习（实训）的顺利进行。

第四，必须严格地对教学计划的实习（实训）教学实行考勤和考核，并及时对考勤和考核的结果进行反馈。

第五，必须要保证实习（实训）教学的经费，而且要保证经费得到合理的运用。

（二）高等职业教育实践教学的实习（实训）基地管理

高等职业教育实践教学的开展，离不开实习（实训）基地。因此，在开展高等职业教育实践教学管理时，必须要重视对实习（实训）基地的管理，具体可从以下几方面着手。

第一，要重视先进的、全面的实习（实训）基地的建设。在具体的建设过程中，要切实以党的教育方针及相关政策、培养目标、教学计划、教学实际等为指导；要投入足够的经费，并要对经费进行合理运用，尽可能做好以最少的花费获得最多的利益。此外，既要重视校内实习（实训）基地的建设，又要重视建立相对稳定的校外实习（实训）基地，并完善保障机构，以便在实现学校与社会紧密联系的同时，促进学生的实践能力得到大大提升。

第二，要重视实习（实训）基地的设备建设，确保其符合教学的需要。

第三，要引导广大教师关心、支持校内实习（实训）基地建设，密切配合，共同协作，充分利用基地提供的条件积极开展教学及科研工作，便将取得的科研成果优先、优惠转让给校内实习（实训）基地，使其起到将学校的科技成果向社会产业部门推广的"孵化器"作用。

第四，要不断深化对实习（实训）基地的改革，努力提高技术水平和经营效益，增强自我发展的能力，改善实习（实训）条件并促进教学质量提高。

第四节　高等职业教育的教学诊改尝试

当前，随着经济的发展以及社会的进步，社会对人才提出了越来越高的要求。在这种形势之下，教育部决定在全国范围内逐渐推行教学诊改制度，以便在不断深入教学改革的情况下，培养出更多与社会需要相符合的人才。而高等职业教育作为教育体系的一个重要组成部分，必须结合自身的特点以及实际教学情况，尝试进行教学整改，以不断强化专业内涵建设、优化办学条件、完善教学体系、健全教学运行机制等，最终促进教学质量不断提高。

一、高等职业教育教学诊改的原因

高等职业教育应以社会的发展需求为依据，培养学生的专业技能、职场态度等，使其成长为全方位、高素质的应用型人才。但近年来，随着高等职业教育的规模不断扩大、招生人数不断增加，高等职业教育的教学中出现了一些新的问题，影响了教学质量的不断提高。因此，高等职业教育很有必要尝试进行教学诊改，以便建立起更为科学合理的教学体系，促进自身的不断发展和进步。具体而言，促使高等职业教育进行教学诊改的原因主要有以下几个。

（一）教学理念相对滞后

对于高等职业教育来说，控制好教学质量是一件十分重要的事情。传统的高等职业教育教学理念是重视纯理论式的教学方式，即注重对学生进行专业理论知识的灌输。在这样的教学理念下，不仅无法取得良好的教学效果，而且容易使学生产生厌学心理，还导致高等职业教育无法实现自己的人才培养目标。近年来，传统的高等职业教育教学理念的落后性已被越来越多的人认知，但仍有不少高职院校仍沿用这种落后的教学理念，从而导致教学教学质量停滞不前。

（二）教学方法不当

高等职业教育以专业性、职业性课程为主，而且课程内容必须与社会需要相符合，以有效提高学生的实践能力。但在当前，仍有一些高职院校将较多的时间放在理论教学方面，对实践教学的重视不足，导致学生参与实践的机会与时间很少，无法实现理论与实践的有机融合，最终影响了高等职业教育的质量。

（三）师资力量薄弱

高等职业教育要想不断提升自己的教学质量，拥有一支高素质的师资队伍是极为重要的。但是，就目前高职院校的发展实际来看，教师的整体素质相比高等院校教师的整体素质来说还相对低下，直接导致高等职业教育的教学质量低下。

二、高等职业教育教学诊改的意义

对于高等职业教育来说，开展教学诊改工作有着十分重要的意义，具体表现在以下两个方面。

（一）促使高等职业教育人才培养质量不断得到提升

高等职业教育人才培养规模的不断扩大，要求高等职业教育在发展的过程中要更为重视人才培养的质量。而高等职业教育教学诊改工作的开展，可以帮助高职院校更好地对人才培养的主体以及人才培养的目标进行明确。高职院校能通过开展教学活动、密切与企业的合作等，不断提升人才培养的质量。

（二）促使高等职业教育的教学治理能力不断得到提高

高等职业教育通过开展教学诊改工作，可以在明确自身问题的基础上，不断地进行自我改进与自我提升。如此一来，高等职业教育的教学治理能力便能得到有效提高。

此外，高等职业教育在开展教学诊改工作时，会邀请管理知识丰富的业内专家和企业专家对自己的诊改工作进行审查，这对于高等职业教育管理理念以及教学治理能力的提升都有重要的作用。

三、高等职业教育教学诊改的现状

在当前,越来越多的高职院校都开展了教学诊改工作,大大促进了教学质量的提高。但是,高等职业教育教学诊改工作在当前也面临不少的问题,制约了其教学质量的有效提高。具体而言,高等职业教育教学诊改工作存在的问题有以下几个。

(一)缺乏科学的教学诊改机制

高等职业教育在当前的发展中,始终以提升人才培养质量为根本宗旨,这就决定了高职院校必须要构建有助于教学质量提升的教学诊改机制。当前,虽然很多高职院校都建立了教学诊改机制,但在建立教学诊改机制时未充分考虑学校教学内部质量运行、自我发展、自我约束等因素,从而导致教学质量无法得到充分保证。

(二)未形成教学诊改的特色

纵观高等职业教育教学诊改的现状,可以发现很多高职院校的教学诊改过程是雷同的,没有特色可言。事实上,不同的高职院校在所处地区、所面临的经济发展现状、教学资源、教学现状等方面存在较大的差异,因而在进行教学诊改工作时也必须充分考虑自身实际。但是,当前很多高职院校在开展教学诊改工作时并未充分考虑这一点,从而导致教学诊改工作难以达到理想的效果。

(三)教学诊改的信息化水平不足

高等职业教育教学诊改工作的开展,必须以教学诊改信息化平台的建设为基础,以便收集更多的信息,为科学决策奠定基础。但在当前,多数高职院校的信息化建设水平不足,导致收集的数据存在规范、冗余、无法共享的现象。这就导致高职院校在进行教学诊改时缺乏有效的数据支持,难以达到理想的效果。

（四）教学诊改建设的视角过于单一

在当前，多数高职院校在开展教学诊改工作时，是以自我诊断、自主诊改为主的，很少会从其他的视角对教学诊改进行建设。这就导致高等职业教育教学诊改的建设视角过于单一，影响了其充分发挥自身的作用。

四、高等职业教育教学诊改的进一步完善

面对高等职业教育教学诊改中存在的问题，必须积极采取有效的措施来进一步完善高等职业教育教学诊改，具体可从以下几方面着手。

（一）进一步完善教学诊改的机制

高职院校在开展教学诊改工作时，必须围绕自身的办学特色、师资队伍建设、专业建设、课程建设、学生发展等方面，构建一个与自身发展相适应的教学诊改机制，以切实促进自身教学质量的提高。在这一过程中，以下两个方面要特别予以注意。

第一，必须对教学诊改的工作方针进行明确，以确保教学诊改工作有方向性和目的性。

第二，必须设立专门的教学诊改组织机构，并对各个机构须承担的责任予以明确，这对于教学诊改工作的顺利开展具有重要的作用。

（二）推动教学诊改的特色化发展

高职院校在开展教学诊改工作时，必须依据自身发展的现状、教学的实际、学生的发展状况以及教学诊改的主题等，进行特色化的教学诊改建设。在这一过程中，高职院校要重视推进自身的创新建设和特色化发展，并充分发挥自己在教学诊改中的主体性地位，以便教学诊改工作在顺利开展的工作体现出自身特色。

（三）进一步提高教学诊改的信息化水平

进一步提高教学诊改的信息化水平，对于高等职业教育教学诊改取得理想的效果具有重要的作用。为此，高职院校必须借助先进的现代信息化技术和手段，构建数据中心，建立共享学习平台，以便为教学诊改提供更为科学、准确、全面的诊改数据，继而推进高等职业教育教学诊改的顺利进行。

（四）开展多视角的教学诊改建设

高等职业教育的教学诊改建设，应从多方位、多视角来进行审视。就当前来说，专业视角和企业视角的参与，对高等职业教育教学诊改取得理想效果具有重要的作用。其中，专家视角就是从专家的视角进行高等职业教育教学诊改的建设；企业视角就是要加强校企合作，以企业用人标准为依据来衡量教学中存在的不足并予以改正。

第五节　高等职业教育科研的意义和管理的原则、内容与机制创新

在我国社会主义现代化建设中，只有积极开展科学研究，并将所获得的研究成果应用到社会生产力发展中，才能实现科学进步、经济振兴和社会发展。因此，高等职业教育在发展的过程中，必须要搞好科学研究，做好科研工作的管理，以促进科技的发展、社会的进步以及综合国力的不断增强。

一、高等职业教育科研的意义

高等职业教育在发展的过程中，做好科研工作有着十分重要的意义，具体表现在以下几个方面。

（一）能够促进高等职业教育人才培养质量的提高

自中华人民共和国成立以来，我国的教育事业有了极大发展，全民族的文化素质也有了很大提升。但是，我国的职工队伍从总体上来说文化素质还比较低，无法有效适应技术性含量不断提高的工作，影响了有中国特色的社会主义现代化建设的进行。而高等职业教育科研工作的开展，能够促使高等职业教育挣脱传统教育思想和教学体系的束缚，在有效捕捉最新科学信息、科学动态和科学成就的基础上，及时、有效、生动地丰富和更新教学内容，提高教师的学术水平，从而培养出更多善于独立思考、有较强的实际工作能力、能够得到社会认可的高层次应用型人才，推动我国社会主义现代化的顺利开展。

（二）能够促进高等职业教育的健康发展

高等职业教育的教学和科研之间有着内在的联系，是相辅相成、相互促进的。具体来看，高等职业教育的学制设计、专业设置、课程开发、实践教学环节的实施、人才培养模式的构建等虽然与行政、教学有着密切的联系，但如何对这些内容进行优化，使其更好地与社会经济发展相适应，则是高等职业教育科研的内容。因此，高等职业教育若不重视科研工作，则难以形成办学特色，所培养的人才也难以得到社会的认同。如此一来，高等职业教育是难以继续进行的。

（三）能够促进我国经济的发展、社会的进步

高等职业教育科研工作的开展，既能够促进新的科研成果不断出现，也能够为国家培养更多的科研人才。而当科研人才所研发的科研成果被应用到社会生产力发展之中，便能转化为现实的生产力，继而促进经济的发展和社会的进步。此外，高等职业教育科研工作的开展对于提高我国整体的科研水平也有重要的作用。

二、高等职业教育科研管理的原则

在高等职业教育的发展中，科研工作起着十分重要的作用，因此做

好科研管理工作是十分重要的,而在具体的高等职业教育科研管理过程中,为了促进科研任务的顺利完成,快且多地出科研成果,必须遵循以下几个原则。

（一）方向性原则

高等职业教育科研管理的方向性原则指的是在开展高等职业教育科研管理工作时,要全面贯彻"经济建设必须依靠科学技术,科学技术工作必须面向经济建设"的战略方针,确保高等职业教育的科研工作能够为国家的经济建设服务,为教育教学服务。

（二）公平性原则

高等职业教育科研管理的对象是人,只有做到对所有的科研人员一视同仁,才能促进科研工作的顺利开展。但是,在高等职业教育科研管理中,公平性原则往往难以得到全面的贯彻实行,存在明显的看人报选课题的现象,科研资金的投入也存在因人而异的情况。这不仅制约了科研工作的有效开展,而且影响了科研人员的积极性。因此,在具体开展高等职业教育科研管理时,必须坚持公平性原则。

（三）特色性原则

在开展科研管理工作时,各高职院校必须具有战略眼光,依据自身的发展实际和未来发展趋向确定学校的长期研究发展目标,正确确定重点而有特色的长期奋斗目标和发展方向,争取相应重点研究项目,并在人力、物力、财力上给予重点支持,从而形成具有科研机构自身特色的科研重点。

（四）系统性原则

高等职业教育科研涉及管理者、研究人员、应用的社会单位等不同的人员,他们是一个有机的整体,也是一个完整的系统。因此,在开展高等职业教育科研管理工作时,必须遵循系统性原则,以确保相关人员能够和谐相处,减少矛盾和冲突的发生。这对于科研以及科研管理工作的顺利开展都有重要的作用。

（五）科研与教学相结合原则

高等职业教育担负着培养高技能人才和发展科学技术文化的双重任务,因此高等职业教育在实现人才培养目标的同时,必须开展好科研以及科研管理工作。由于高等职业教育的人才培养目标主要是通过教学来实现的,并且教学是科研的基础和前提、科研是在教学基础上的提高和发展,因此高等职业教育的科研管理工作必须遵循科研与教学相结合的原则。

（六）科研与生产相结合原则

人们曾经认为高职院校是单纯的创造单位,只负责知识、技术的创造,至于科研成果如何向生产转移、如何促进技术成果商品化则不是其关心的问题,而是工厂企业的事情。很明显,这样的观点是不对的。因此,自改革开放以来,高职院校在开展科研工作时,树立了科研与商品化生产相结合的意识,重视科研成果的经济效益。这就决定了在开展高等职业教育科研管理工作时,必须注重科研与生产的紧密结合,以便科研成果能及时、有效地转化为生产力。

三、高等职业教育科研管理的内容

高等职业教育科研管理的内容,从程序上讲主要包括科研计划的制定、科研活动的组织实施与督促检查、课题总结、成果评定等,从科研所需要的条件上讲主要包括科研规划、课题、科研经费、科研情报、科研人员的管理等。在这里,着重分析一下科研活动和科研课题的管理。

（一）科研活动的管理

开展科研活动,是高等职业教育推动科技发展的一个重要形式。而高职院校在开展科研活动时,必须做好以下几方面的管理工作。

第一，高职院校必须坚持"百花齐放、百家争鸣"的方针来开展各种科研活动，以形成活跃的科研气氛。

第二，高职院校在开展科研活动时，要注意邀请广泛的人员参加，以便教师和科研人员能够结识更多不同学派的学术朋友和专家学者。

第三，高职院校在开展科研活动时，要注意加强与社会各界的联系，以便及时掌握国内外科学技术发展的主要动向和科学研究工作的新动态，确保所获得的科研成果能够在转化为现实的生产力后，切实促进社会、经济的发展。

第四，高职院校在开展科研活动时，要切实依据科研对象、科研内容、科研范围等选择最为恰当的组织形式。

第五，高职院校在开展科研活动时，必须严格禁止、杜绝科研腐败和"克隆"现象，以确保科研成果的有效性。

第六，高职院校必须不断建立、健全与科研活动相关的制度、规章等，以确保科研活动的顺利开展。

（二）科研课题的管理

所谓科研课题，简单来说就是从研究方向所指示的问题中确立的研究项目。对科研课题进行管理，就是遵循教育科研规律，运用决策、计划、组织、控制等措施，充分发挥人、财、物、时、信息等要素的效用，完成科研课题研究任务的活动。在对高等职业教育的科研课题进行管理时，需要包括以下几方面的内容。

第一，科研课题组织管理。为了提高课题研究的效益，课题一般都应成立课题组，依靠群体的力量及作用，及时完成课题研究任务。在成立课题组时，通常要设组长 1 名，副组长 1～2 人，而且不论组长还是副组长都必须有总体学术思想、研究方案的提出和研究能力，对课题的关键性学术问题、研究难点的解决能力等。

第二，科研课题计划管理。科研课题计划管理，即将科研课题计划作为一种管理的手段。这对于掌握科研课题研究的进程、确保科研课题目标顺利完成具有重要的作用。此外，科研课题计划管理可以提高管理的预见性，减少盲目性，并确保人、财、物在科研中得到有效利用。

第三，科研课题常规管理。科研课题常规管理，就是根据科研课题的特点、科研课题研究的基本环节和科研课题研究资料确定常规，进行过程管理。这里所说的过程管理,通常要涉及计划、实施、检查、总结、评价等基本环节。

四、高等职业教育科研管理的机制创新

科研管理在高等职业教育发展中所起到的作用是不容忽视的,因此高等职业教育必须重视对科研管理的机制进行创新,以确保科研管理发挥出最大的作用。具体而言,高等职业教育科研管理的机制创新需要从以下几方面着手。

（一）对科研管理理念进行创新

在当前,高等职业教育科研管理多局限于对科研各环节的事务性管理,因此对科研管理理念进行创新是一个十分迫切的问题。由于高等职业教育科研管理中出现的问题无不与人相关,因此必须树立"以人为本"的科研管理理念,切实将广大的高职教师置于科研工作的核心,明确高职教师在科研工作中的主导地位。

在开展高等职业教育科研管理时,除了树立"以人为本"的科研管理理念,还必须树立"以科研带教研、以教研促教学、教学科研并举"的理念,以便实现科研与教学的相互促进。

（二）对科研管理队伍进行创新

高等职业教育科研管理能否顺利进行、高等职业教育科研管理水平能否得到有效提升,都与科研管理队伍有着密切的关系。因此,高等职业教育科研管理的机制创新,要包括科研管理队伍的创新这一重要的内容。

对科研管理队伍进行创新,要注意提高科研管理人员的创新意识和创新能力,以便其能够主动适应科技市场,为科研人员提供各类科技信息、技术转化途径等方面的服务。

（三）对科研管理模式进行创新

科研管理模式的创新,对于提高高等职业教育科研管理的效率具有重要的作用。具体而言,在对高等职业教育科研管理的模式进行创新时,可从以下几方面着手。

1. 对竞争机制进行创新

对竞争机制进行创新,即要建立合作型竞争机制。在高等职业教育科研工作中,队伍整合难、资源共享难等问题的客观存在,导致科研个体在高职院校科研工作中一个很大的困难是,科研竞争大多体现在个体（院校、科研人员、研究所）之间,导致课题小型化、单干的倾向,个体之间彼此信息封锁,难以开展联合攻关,难以形成创新群体。因此,必须提倡高职院校之间开展群体竞争、团队竞争,建立以合作为基础的新型竞争机制,正确处理竞争与合作的关系,在倡导竞争的同时强调合作,保证科研人员能加强联系与合作,促进其在相互联系的动态过程中形成合力,产生最大的效能。

2. 对约束机制进行创新

约束机制主要是用来规范高等职业教育的科研行为的,这对于促进科研工作的顺利开展具有重要的作用。但是,当前不少高职院校在科研管理方面未建立有效的约束机制,或是虽然建立了约束机制但并未发挥应有的作用,反而严重影响了科研工作的效率,因此必须重视对约束机制进行创新。

3. 对激励机制进行创新

激励机制能起到激发广大教师积极参与科研工作的作用,因此高职院校应在明确激励方式的基础上,制定出适合自身发展的激励机制的整体规划,使激励成为促进科研可持续发展的有力依托,并在整体规划的指导下,把握好激励的"度",并兼顾不同群体和个体的差异来进行激励。

第六章　师资保障：高等职业教育的教师培养探究

"百年大计，教育为本，教育大计，教师为本，无本则不立。"教师是教育的根本，高质量的教师队伍是高等职业教育提高办学水平、获得长足发展的重要保障。高职院校教师的培养是一个系统工程。振兴民族的希望在教育，振兴教育的希望在教师，建设一支素质优良、相对稳定、数量足够的教师队伍是改革和发展的大计。加强高职院校教师队伍的培养，对高等职业教育的发展，提高国民素质，特别是职工队伍的素质，具有十分重要的意义。

第一节　高职教师的职责与应具备的素质

一、高职教师的职责

（一）教书育人

教书育人是高职教师的基本职责。作为教师，做好教学工作、提高教学质量、实现教书育人是基本的工作。具体而言，教师的主要任务，包括传授知识、发展能力与进行思想道德教育。这三个任务既是密切联系，又是同步实现的。要把传授知识、发展能力与进行思想道德教育很好地结合在一起。教师首先必须坚持贯彻全面发展的教育方针，具有较高的政治觉悟、学术水平、教学能力和高度政治责任感。一位优秀的教师，正是把教学过程看作是学生德、智、体、美全面培养和个性健康发展的过程,善于寓德育、美育于智育之中,注重培养发展学生良好的个性,努力实现最佳教学和教育效果。

（二）科学研究

科学研究是高职院校教师的应有职责。在科学技术迅速发展的今天,高等学校教学的主要任务,已经不仅是把某一部分知识的总和教给未来的专家,而是要用独立掌握新的知识和创造性地解决问题为本领来武装他们。大学生不仅是教学的对象,而且应该是积极活动的主体。大学的教学过程越来越接近于研究活动,这是当前在教学指导思想上从单纯传授知识到着重培养发展学生智能的重要转变,也是教学工作重心的转移。因此,高职院校教师的任务,不仅是通过高等教学培养专门人才,而且必须在搞好教学工作的同时,努力开展科学研究。

（三）为社会服务

除了教书育人和科学研究这两个职责,高职教师还有一个非常重要的职责,那就是为社会服务。

为社会服务是高职院校教师的主要职责。由于高校教师的学术水平和学术地位在社会上有很大影响,因此应当积极参加社会政治活动,开展社会文化宣传,把党的方针、政策宣传到群众中去,又从群众的实践中吸取丰富的经验。教师还应当运用学校的科学研究成果、发展的技术和创造的知识,通过作学术报告、技术成果转让、科学咨询指导、协作攻关和培训人员等途径广泛地为社会服务,同时,教师通过面向经济建设,为社会服务,吸取国内外最新的科学信息并及时传递给学生,这是高职院校为社会主义现代化服务的具体体现。高职教师为社会服务必须以社会效益为准则,不能提倡以营利为目标的社会服务。

二、高职教师应具备的素质

（一）专业素质

教育质量的高低在很大程度上取决于教师队伍整体和个体的素质。

高职教师队伍的素质是显示其专业水平的关键因素,因此高等职业教育改革的重点在于提高高职教师队伍的整体和个体的专业素质。高职教师应具备以下专业素质。

1. 理论探究能力和研究能力

高职教师这一群体的专业发展水平是通过每一位教师个体的专业水平体现的。教师的职业生涯是一个连续的专业发展过程,也是终身教育的过程,即集职前教育、岗前培训和职后继续教育于一体的教育过程。高职教师不仅要掌握专业知识,还要有一定的理论探究能力,在自己的专业基础上,能够吸取新的研究成果,丰富自己的专业知识,不断地拓宽知识领域,完善自我。

高职教师所从事的教学活动是一个动态复杂的过程,既包括理论教学,又包含实践能力的培养。教师在教学过程当中要善于发现问题、研究问题、解决问题。通过对教学内容的研究、对教育方法的改进来提高教育教学质量。

2. 实践教学能力

实践教学是高等职业教育的一个重要环节,实践能力也是高职院校的教学目标,在教学中处于重要的地位。职业教育与普通教育的区别就在于,职业教育不仅向学生传授知识,而且注重培养学生的实践能力。因此,高职教师必须具备较强的动手操作能力,能够指导学生的实践。事实上,我们现有的理论教师缺乏指导实践教学的经验,而实践教学的教师的理论水平尚有待提高,只有既具有较高的理论知识水平,又有较强的实践教学指导能力的教师,才能适应时代对高职教师的要求。

3. 高职教师的操作演示能力

职业教育最突出的特点是培养学生的动手操作能力,使其达到一定的专业化水平。这样一个动手动脑的教育教学过程,仅凭教师口授、板书和课堂教学是无法完成的。很多的教学环节需要在实习车间、操作台前进行,这就要求高等职业教育的教师既能指导学生的实践教学,又有一定的操作演示能力,能够让学生们直观地了解所要学习的技能。

（二）人文素养

教师是人类文化的产物，承担着传播人类优秀文化的重要任务。要完成这一历史使命，其前提是要接受文化的熏陶和文化的教育，掌握文化的主要观点，培养民族文化的认同感和归属感。教师这一职业群体促进了社会文化的发展和人类的文明进步。教师既是文化的产物，又是文化发展的主要推动力量。

人文知识的素养是高职教师成长的基本条件。高职教师人文知识素养的高低，直接关系到他所培养的高职院校的学生文化素养。高职教师只有通过大量的人文知识的积累，才能与其自身修养发展相适应，人类优秀的文化传统，通过教育得以继承，通过教师的劳动得以传播。

（三）心理素质

1. 健康的人格

人格是人的社会性的集中体现，它带有强烈的职业烙印。不同的职业对人格特质和模式的要求有所不同。教师人格是指教师应具备的优良的情感以及意志结构、合理的心理学结构、稳定的道德意识和个体内在的行为倾向性。高职教师的人格首先应该是健康、和谐、全面发展的人格，教师的人格应当高于也必须高于其他行业的人格模式要求，教师的人格应该成为全社会的表率。

教师的人格对社会的影响具有辅助作用。教师通过学生、家长和社会发生密切的联系，教师的人格水准状况，对整个社会的精神文明建设具有巨大的辐射作用。

2. 良好的情感特征

高职教师良好的情感特征对学生具有潜移默化的影响。高职教师良好的情感特征主要表现为真诚、乐观、进取和宽容。

3. 坚强的意志品质

作为高等职业教育的教师，应该具备坚强的意志品质，才能在困难面前不低头，并以自己的行为感染学生、锻炼学生的坚强意志品质。

4.浓厚的职业兴趣

作为高等职业教育的教师,首先要对自己的职业产生浓厚兴趣,只有对职业教育事业的无限热爱,对学生的无限挚爱,才能做好教育教学工作。实践活动是兴趣产生的源泉。教师的职业兴趣是推动教师孜孜不倦地进行教育教学探索,调动工作积极性的动力。高职教师要增强责任感,用科学的态度指导学生,密切与学生的交往。热爱学生。只有学生的智力潜力得到充分发挥,并使之处于最活跃的状态,才是高职教师的职业兴趣所在。

(四)职业道德素质

教师是社会主义精神文明建设的一支主力军,教师被称为人类灵魂的工程师。从业教师的职业道德将深深地影响着下一代甚至几代人的成长。作为一名合格教师,必须"坚定建设中国特色的社会主义信念,树立科学的世界观、人生观、价值观,具有为教育事业奉献终身的崇高理想、高度负责的敬业精神、良好的教师职业道德和健康的心理素质"。

1.忠诚祖国的教育事业

教师职业所需要的奉献精神,正如陶行知先生所说的那样"捧着一颗心来,不带半根草去"。作为教师必须忠诚于祖国的教育事业,正确处理国家、社会最需要和个人抱负的关系,具有高度的责任感和敬业精神。

2.淡泊名利

教师必须具有"平平淡淡才是真"的心态。教师职业既没有很高的经济水平,也没有很高的社会地位,不如从事与政治相关职业的人的名望和从事与科技相关行业的人的成就。教师必须有踏踏实实的作风和任劳任怨的精神,以平常心态对待名利,淡泊名利。

3.敬业精神

高职教师作为教育者,本身必须树立良好的社会形象,成为建设社会主义精神文明,促进社会进步的推动力量。职业本身要求高等职业教育的教师要有高尚的道德品质,爱国、敬业的精神。爱岗敬业的具体体现是热爱学生。

第二节　高职教师的科学选拔与职业能力培养

一、高职教师的科学选拔

(一)高职教师科学选拔的原则

1. 任人唯贤

在高职教师选拔工作中,首先要遵循任人唯贤的原则,而要杜绝任人唯亲的倾向,要保证选拔出来的高职教师是具有真才实干的人才。凡是基本素质较好,符合缺位条件和要求的教师,就应该一视同仁,不管是谁,不分亲疏。

选拔高职教师的管理人员,必须具有大公无私的高尚品德,要有强烈的事业心和责任感,要能慧眼识英雄,不能让自己的私人情感对选拔的结果有所影响。在选拔教师的时候,对其从思想品德、工作作风到教学、科研能力与水平,从兴趣特长到身体素质各个方面进行考察,这样才能够把真正优秀的人才录用到合适的教师岗位上来。

任人唯贤,这个贤并不是要求教师是一个全才,而是要看他的基本素质,看主流,历史地、全面地分析其主要倾向。只有任人唯贤,不拘一格,才能人尽其才、才尽其用。

2. 学用一致

学用一致指的是被录用的高职教师所学的专业、所具有的特长,要与录用后承担的职务、职责相一致。只有这样,才能将其十多年学习的成果发挥出来。如果用非所学,用非所长,就是最大的浪费。

一般而言,一个人往往从学习某一专业开始,就培养了对这个专业的兴趣,因此学用一致,用其所长,有利于较好地发挥教师的积极性、创造性,也有利于人才的继续提高,对搞好教学工作是有利的。同时,高职院校的管理者也要注意发现一专多能的教师。社会不断进步,学科的渗透、交叉日趋增多,这就要求我们的教师能用已有知识改造旧学科,发展新学科。

3. 整体优化

高职教师是一个队伍,是由一个个个体组成的。高职教师结构指的是一定时期内、一定范围内、一定区域内各种教职人员多种因素的组合关系,具体来说包括教师的年龄结构、教龄结构、性别结构、学历结构、职称结构、学科结构、学院结构以及总体数量状况等。

高职院校在选拔教师的时候,在考虑当前的需求之外,还要对教师队伍整体和长远发展的需要有所考虑和规划,要尽可能地使整个教师队伍结构均衡,让队伍中的每一位教师都发挥出他们最大的能力,促进教师群体的优化。在选聘教师时,必须充分全面地考虑各个组成因素的科学结构,系统地划分教师的分流与分布,做到全面布局,均衡补充,形成优化的整体结构。

(二)高职教师科学选拔的条件

高职院校种类繁多,专业方向各不相同,因此不同的高职院校对于教师的要求也是不同。所以,在科学选拔高职教师的时候,需要综合考虑高职院校的具体情况,根据实际的情况对高职教师提出要求。

1. 基本要求

高职教师必须具备的基本要求包括:取得高等学校教师资格,系统掌握本专业的基础理论,具备相应岗位的教学、科研能力和工程实践能力。

2. 学历要求

高职院校中不同的岗位对于教师的学历要求是不同的。总体来说,高职教师应该具备重点院校本科以上学历。新教师的录用条件应该是具有硕士以上学位,如因教学特殊情况,需要录用具有特殊能力者,酌情降低标准。对于热门专业教师的录用不应该降低学历标准的要求,而应考虑采取适当措施,吸引社会人才。

3. 资历要求

资历要求可分两部分:其一是要求教师具有专业技术职务。专业带头人必须是教授,高级主讲应是副教授以上,主讲应是讲师以上,助教至少应具有助教专业技术职务。其二是教师资格证书与资历要求。高职院校的实践指导教师和专业教师绝大多数为师范类毕业生,且高等职业教育的特性要求教师必须具备较好的行业、职业知识及丰富的行业、职业实践能力。

4. 教师专业方向的要求

高职院校应该根据经济建设和学科发展的要求,尽早结合社会、学校和教师自己的实际给青年教师确定专业主攻方向。教师的专业方向一旦确定以后,不宜轻易变动,并尽可能让教师知道今后几年事业发展的具体要求,明确自己的方向和任务,变被动为主动。同时,也应鼓励教师不断更新知识,优化自己的知识结构,与时俱进调整自己的专业方向。

(三)高职教师科学选拔的方法

高职教师的选拔方法多种多样,下边我们介绍常用的两种。

1. 从外校选录

从外校选录指的是从外校的毕业生中选录教师,或者从外校在职教师中选人调入。目前,我国高职院校从数量上已初步形成一定规模,学科门类和培养人才的规格上也基本齐全,所以这种途径补充教师,不仅有条件,而且选择的余地也很大。这种方式选录的教师,由于是从不同的环境成长起来的,带有各自的优势和学术风格,他们会集在一起,可以从多角度、多方位探讨问题,有利于打破单一的学术气氛,促进学术上的取长补短、知识互补。

2. 从社会上引进或兼职聘用

为了适应新时期教育制度改革的需要,从社会上招聘教师已成为高职院校师资队伍补充的一个不可忽视的问题。近年来,我国高等学校师资队伍的结构形式在不断地发生变化,高等学校可以在各企事业部门从事科学技术工作的高级职务的专家、学者中,选聘兼职教授或副教授。根据学院工作需要,特别是对新学科、缺门学科,都可以按照受聘者原有的技术职务,授予相当的教师职务。

二、高职教师的职业能力培养

（一）培养高职教师职业能力的必要性

高等职业教育进入现代社会以来,随着教学组织形式的不断完善与发展,教学内容,特别是科学技术知识的不断丰富与革新,教学手段技术构成水平的不断提高,教育对象的日趋广泛与复杂等,高职教师职业的专业性及技艺构成大大增强,对教师的职业能力和素质提出了更高的要求——从事高职教师职业的教师不仅要具有高尚的师德和渊博的知识,而且必须具备两个方面的职业能力,即高职教师职业本身的职业能力和具有所教专业或行业的职业能力。

（二）高职教师职业能力培养的途径

高职教师职业能力的培养,可以从以下几个方面进行。

1. 培养高职教师的能力结构

培养高职教师的能力结构即加强对教师的资格培养,加强对教师的实践能力培养,通过专业培训职业教育理论来提高教师的教育水平,在工学结合中培养教师的科研素质、创新能力和技术应用能力。高职教师的能力结构越丰富、越牢固,就说明高职教师的专业素养越高,职业能力越强。

2. 培养高职教师的教学设计能力

教学设计就是指运用系统的方法分析教学中存在的问题,确定教学目标,建立解决问题的策略方案,试行解决方案,评价试行结果,并对方案进行修改的全过程。现代职业教育的教学设计要求打破以知识传授为主要特征的传统学科课程模式,以工作任务模块为中心,按照"以能力为本位,以职业实践为主线",建立以工作过程为导向的课程体系。培养高职教师的教学设计能力,可以使其始终保持对职教理论最新发展的跟踪学习,始终保持对教学实践最新改革的不断反思,来促进自身的专业素养不断提高和专业化进程。

3. 培养高职教师的教学实施能力

高等职业教育课程体系、内容和教学方法的改革是高职生存和发展的生命线,而高职教师是高等职业教育课程体系、内容和教学方法改革的主力军,通过加强课程体系、内容和教学方法的优化,可促进教师教学实施能力的提高。为实现这一目标,重要的一点就是要转变教师观念,变多年形成的传统学科性教育理念为高等职业教育理念,让广大教师的教育理念从精英教育转向大众教育和职业教育。

4. 培养高职教师的心理素质

高职教师的服务对象是学生,教师的心理素质状况影响着学校教育功能的发挥,并且直接影响着学生品质的发展。因此,培养高职教师的心理素质也是提高其职业能力的一个重要途径。高职院校应努力为教师营造一种良性竞争的工作环境,建设一个平等、团结、温馨的学校环境,强化学校的"温室效应",应努力提高教师的生活水平和福利待遇,提高教师的社会地位,加强教师的职业认同感,努力创造良好的人际环境。

第三节　高职教师的职业倦怠心理及其有效调节

一、高职教师的职业倦怠心理

（一）职业倦怠的含义

职业倦怠是 1974 年由临床心理学家弗鲁登伯格提出的,指的是从事助人职业的工作者无法应付外界超出个人能量和资源的过度要求而产生的心理方面的疲惫状态。教师就是这一现象的高发群体之一。高职教师职业倦怠指的是高职教师在长期压力体验下不能顺利地应对工作压力时所表现出来的一种情绪、态度和行为的衰竭状态。

（二）高职教师职业倦怠心理的类型

按照不同分类标准，可以将高职教师职业倦怠分为以下两种。

首先，按照职业倦怠的性质与强度标志，可以把职业倦怠分为三个水平。

第一，一级倦怠，表现为烦躁、担忧与挫折。此水平的倦怠是短期的、可恢复的；

第二，二级倦怠：表现为耗竭、玩世不恭、无效能、脾气起伏不定，此级的倦怠比较固定、持久、不易克服；

第三，三级倦怠：表现为生理、心理问题，自尊降低，从工作与人际交往中退却，此程度是弥散的、剧烈的、难以处理的。

其次，按照个体差异性来划分，可以把职业倦怠分为三种类型。

第一，筋疲力尽型教师，这类教师认为不管自己在工作上付出多大的努力，结果都是令人失望的，因而不再相信自己的行为努力将有助于目标的实现，有类似于"习得性无助"的心理。

第二，狂热型教师，这类教师面对困境和预期的失败，试图做任何可能的努力，他们有着极强的成功信念，能狂热地投入工作，但理想与现实间的巨大反差，使他们的这种热情通常难以坚持长久。

第三，低挑战型教师。对于这类教师而言，每天和每年面对单调、缺乏激情的工作感到厌倦。他们觉得工作本身缺乏刺激，尤其是心理上难以从工作中获得满足，以自己的能力来做当前的工作是大材小用，由此感到自尊心受到较大伤害，因而从心理上厌倦工作，对工作敷衍塞责，并考虑跳槽。

（三）高职教师产生职业倦怠心理的原因

导致高职教师产生职业倦怠心理的原因是多种多样的，具体而言，包括以下三个方面。

1. 社会方面的因素

我国的高等职业教育近年来得到较大发展，但由于历史和现实的原因，高等职业教育面临诸多的发展困难和挑战，一方面，国家对高等职业教育的发展缺乏政策和资金投入的扶持，许多高职院校办学条件简陋、生源不足；另一方面，高职办学至今仍未完全得到社会（特别是广大家长和考生）的认可，在相当部分人的眼里，高等职业教育还是二三流的高等教育，不能与普通高校相提并论，加之高职办学中在招生、升学、就业等方面出现的一些歧视性的不公平现象，也增加了社会对高职的偏见，处于此种背景下的教师，极易产生低成就感和失落感，从而导致倦怠。

2. 学校环境的因素

高职院校是一种复杂的社会组织，它对个体行为既有助长作用，又有削弱作用。研究表明，缺乏校长支持是导致高职教师产生职业倦怠心理的重要因素，得不到认同，人际关系不和谐等都会让高职教师产生不良情绪，进而产生职业倦怠心理。

3. 教师个人的因素

首先，产生职业倦怠心理与教师个人的人格特征有很大关系，缺乏自信心、自尊心低的人容易产生职业倦怠心理，而兴趣广泛、性格活泼开朗、机智严谨、果断刚毅、幽默风趣等，则不易产生职业倦怠心理。

其次，产生职业倦怠心理与教师主体对职业特征的认知有关。教师职业本身是一种无阶梯的生涯，教师在一种相对与社会较为隔离的环境中独自承担教学工作，其社会效果具有隐蔽性和滞后性，教师实际的付出和获得的回报之间也具有不对等性，加之教师的经济地位和社会地位不高，教师在教学过程中内心容易产生不平衡感和与社会的隔离感，导致职业倦怠。

（四）高职教师产生职业倦怠心理的影响

陷入职业倦怠的教师，其所带来的消极影响是较为广泛的。具体表现在以下几个方面。

1. 对教师个体的影响

教师身心由于职业倦怠的消极影响,生理上、心理上都会产生一系列的变化。生理上如失眠、食欲不振、头痛、内分泌功能紊乱、血压升高等。心理上经常感到压抑、焦虑等,情绪波动较大。

2. 对高职教师工作的影响

表现为工作满意度降低,工作热情和兴趣的丧失以及情感的疏离和冷漠。例如,备课不认真甚至不备课,教学中缺乏新意,讲课乏味;对教学中出现的问题小题大做,或出现过激反应;处理方法简单粗暴,或对问题听之任之,缺乏责任感。

3. 对社会的影响

高职教师产生职业倦怠心理对社会的影响是间接的,通过他们对学生的影响来实现。高职教师一旦产生职业倦怠心理,其教育出来的学生一定会或多或少的受其影响,当他们步入社会,必将对社会的政治经济发展产生不良的影响。

二、高职教师职业倦怠心理的有效调节

从上述分析可以看到,教师产生职业倦怠心理来自多方面的影响,既有外部的因素(社会、学校),也有内部的因素(教师自身)。外部环境的改善,创建优良的校园文化和积极向上、健康和谐的校园氛围,都有助于防止和克服教师职业倦怠,但教师能否进行自我调适,是有效消除职业倦怠的关键。下面试图从教师自身因素出发,探讨教师对职业倦怠的自我心理调适策略。

(一)提高耐压能力

职业倦怠来自个人、学校和社会等方面,作为教师本人应清醒认识到倦怠是源于自己所遇到的压力。一个具有自信和耐压能力强的人是不容易倦怠的。教师要提高自己的耐压能力,需要从以下两个方面

着手。

第一，要对压力有明确的认识和接受的态度，认识到压力及其反应不是个性的弱点和能力不足，而是人人都会体验到的正常心理现象。

第二，要掌握缓解压力的策略。具体方式为：首先，了解自己，接纳自己，客观评价自己，建立合理的期待；其次，修正认知观念。高职教师头脑中固有的高等教育即精英教育的信念往往导致教师的工作热情急剧下降。如果教师抛弃了这种不合理的信念，就有利于保持良好的情绪状态，防止倦怠的产生。

（二）改善人际关系

高等职业教育教学过程既具有独立性，又具有交往性。

首先，高职教师在完成工作任务的时候，其是以独立个体出现的；其次，教师的工作又必然与社会、家庭、学校、同事、学生密切相关，能否协调好这些关系，直接影响到教师教育教学工作的顺利进行，不协调的人际关系还将导致教师身心疲惫，陷入倦怠之中。

教师必须乐于交往，学会交往，要勇于面对现实，积极调整自己的行动，主动适应；在交往中，多一分宽容，少一分计较，努力做到宽于待人、诚信待人，这样才能与他人保持良好的接触和交往。通过交往，诉说各自的心情，增进彼此的友谊，来满足各自的心理需要。教师要走出校园，走出自我的小圈子，广泛接触社会，参与社会活动，建立广泛的社会联系，从而营造良好的人际关系。同时应注意克服交往中存在的自负、嫉妒、多疑、自卑、干涉、羞怯、敌视等不良心理状态。

（三）积极寻求帮助

高职教师在发现自己有职业倦怠的征兆时，应勇于面对现实，正确认识职业倦怠的症状，分析自己压力的来源，主动寻求帮助，设法化解。

随着人们对心理健康认识的提高，我国心理咨询专业机构也逐渐建立起来，在各高等院校也陆续建立了心理健康教育中心，并配备了专职人员承担心理咨询工作。陷入职业倦怠的教师应主动向他们求助，并在专业人员的指导下进行必要的心理调适与训练，掌握一些缓解压力的方法。

教师职业倦怠研究是教师研究的一个重要组成部分,已成为教育领域高度关注的热点。为了教师个体的心理健康,为了提高教育教学质量,教师应积极主动地进行心理调适,预防和缓解职业倦怠心理。

第四节　高素质的高等职业教育师资队伍的培养策略

一、当前高等职业教育师资队伍存在的问题

我国高等职业教育起步较晚,高等职业教育师资队伍底子薄,整体素质还无法很好地适应高等职业教育的需要。目前主要存在以下几个方面的问题。

(一)师资数量相对不足

我国高职院校的师资数量相对不足主要体现在具有双师素质的教师数量不足以及兼职教师数量不足两个方面。

首先,近年来,各大高校、各大高职院校都非常重视"双师型"教师队伍的培养,但是实际情况是确实双师型教师依然十分稀缺,造成这种情况的原因有二:一是高职院校的教师来源较为单一,而且又受到学校管理制度的限制;二是连续几年的扩招,办学规模的扩大,教师编制紧,专任教师大多数处于超负荷工作状态,很难有机会较长时间到教学一线锻炼提高,这也影响了高职院校教师提高自身双师素质。

其次,兼职教师数量较少。虽然目前我国高职院校的兼职教师队伍建设已经取得了一些成绩,但是综合来看,在各方面都还存在很多问题,兼职教师的数量和质量都缺乏相对稳定性。

(二)师资队伍结构不合理

目前,许多高职高专院校为立足学校的长远发展,不仅仅重视硬件上的大量投资,改善办学条件,而且把加强师资队伍建设放在更重要的

位置,作为学校职业教育改革的中心工作,在提高教师的数量和素质上花费了大量的人力和财力,与前几年相比,高职高专院校教师在学历层次、业务素质上有明显的提高,高级职称所占比重逐渐加大,具有本科学历的年轻教师已成为职业教育教师队伍的主要力量,同时注重引进高学历教师,师资队伍的结构有了较大的改善。

但是高职师资力量的投入并没有与学生总量的增长及教学质量的要求完全协调发展,目前尚有相当大的缺口,这主要表现在学历结构、职称结构等方面。

首先,学历结构偏低,具有博士学位和硕士学位的教师严重缺乏,教师学历层次整体水平偏低。目前,全国高职院校中有研究生学历的教师所占比例平均不足15%。

其次,职称结构不够合理,目前,许多高职高专院校40岁以下的青年教师占主体,中级以下职称居多,职称结构不够合理,教师队伍年龄"断层"现象和高职务教师的年龄老化现象比较普遍,且人数偏多,新增设的专业大面积铺开后,教师职称却偏低,人数偏少;骨干教师新老交替面临严峻形势,学校主要骨干教师数量不仅少而且年龄偏大,还未能形成一批涉及相关行业的专业带头人,名师更是凤毛麟角。

(三)科研水平不高,定位不准

高等职业院校,首先是高校,而高校就必须重视科学研究,以科学研究来提高学校的学术地位,提高教学质量。由于原有体制、学校办学层次、功能等原因,多数学校至今没有争取到科研项目,科研气氛不浓,科研观念不强。有些学校认为高等职业学校搞好教学就行了,把教学和科研分离开来,甚至对立起来,造成科研项目少、发表论文少、科研获奖少的局面;而又有些学校对高等职业教育科研的定位不准,盲目向普通本科院校学习,未能在技术开发和服务中找准位置,都直接影响了学校教学水平的提高,影响了学校知名度的提高。

(四)教师培训机制尚未形成

面对教师现实水准整体偏低的现实,政府、主管部门和各高等职业院校虽然为此做了不少努力,想了不少办法,师资培训工作在不断加强,但从整体上看,其投入不足,力度不够,师资结构与水平并未发生根本性的变化,师资队伍的建设还无法适应社会与高等职业教育事业飞速发展的要求。

二、培养高素质的高等职业教育师资队伍

高等职业教育在我国的发展尚未进入成熟阶段,其还有很长的路要走,而高等职业教育的未来是与高职教师的质量息息相关的。因此,培养一支高素质的高等职业教育师资队伍,绝对会为提高高等职业教育教学质量提供强有力的支持。培养高素质的高职师资队伍,需要从以下几个方面着手。

(一)大力培养"双师型"教师和兼职教师

"双师型"师资队伍建设是高等职业教育师资队伍建设的核心内容,是保证高等技术应用型人才培养质量的关键。高职院校的"双师型"师资队伍状况还不能满足人才培养的需要,必须加大培养力度。目前,高职院校在培养"双师型"教师方面做了大量的探索,除直接招聘引进部分能从事教学工作的工程师、高级工程师、技师、高级技师等,聘请社会各行各业的专家做兼职教师外,在举办高等职业教育的实践中,也探索出行之有效的"双师"素质师资队伍的建设和管理办法。

兼职教师是高等职业教育师资队伍不可缺少的组成部分,也是缓解目前"双师型"教师数量不足的有效办法之一。高职高专院校保持一定比例的兼职教师,并非权宜之计,而是高等职业教育办学特色的需要。目前高职高专院校要进一步完善兼职教师队伍的建设,加强兼职教师的管理工作不容忽视。首先,要加强兼职教师队伍的规划和培训。其次,建立外聘教师的信息网络。最后,强化兼职教师的激励措施。

(二)建设师资培养基地

教育行政主管部门要尽快组织制定加强高职高专教育师资队伍建设的有关文件,进一步推动和指导各地区、各校教师队伍的建设工作。要加强高职高专院校教师的培训工作,委托若干有条件的省市重点建

设一批高职高专师资培训基地,特别要为中青年教师营造良好的成长环境。高等职业教育师资培养基地建设可分为四个层次:一是建设若干所专业化的职业技术师范大学,培养高层次、高水平的高等职业技术教育教学、管理人才;二是在部分重点高校增设或将部分普通高校改建成职业技术师范学院,充分利用普通高校的现有资源与优势培养高等职业教育师资人才;三是由高校与国内部分大型中外企业或民营企业合作组建高等职业技术教育人才培训中心,资源共享,优势互补,加快应用型高等职业技术教育人才培养步伐;四是与国外高校、企业合作建立高等职业教育人才培养与培训基地,加快外向型师资培养,逐步与国际高等职业技术教育接轨。

（三）对在职教师进行再培养

加强在职教师的再培养,是高职院校一项十分繁重的重要工作。它是提高高职高专师资队伍的整体素质,保持高等职业教育持续发展的根本任务之一。因此,要对在职教师有的放矢地加以培养,以提高在职教师的整体素质。在职教师的再培养主要包括以下几个方面。

1. 提高和强化教学基本功

因为高职高专院校教师队伍的主体来源于非师范院校,所以教学基本功应作为高职学校师资培训尤其是青年教师培训的重要工作。要通过培训使他们掌握教学规律,掌握心理学、教育学基本理论,精通教学法,实现由工程型人才向教师角色的转换,成为能够熟练运用教学艺术的合格教师。

2. 提高学历层次

这既是改变目前高职院校师资队伍学历偏低现状的需要,也是适应知识经济社会发展的需要、改善师资队伍知识结构、高职学生掌握前沿技术的需要。因此,学校必须有计划、按比例合理地安排以提高在职教师的学历层次。

3. 更新知识,扩大知识面

当今科技迅猛发展,处于知识爆炸的年代,新技术、新知识、新理论日新月异,这必然要求高职教师要适应科学技术发展的需要,掌握本行业、本专业的最新信息,同时对学校教师也要加强人文科学精神的培养,不断更新和完善其知识结构。这是教师培训中的一项长期任务。

4.加强实践锻炼,培养动手能力

实践锻炼是高职学校教师培养的主要特点,也是培养高职师资双师素质的重要途径。实践锻炼要有针对性,要为每位高职教师确定专业发展方面,要为每位高职教师确定短期目标和长远规划,要为实现这些目标确定一些具体的保证措施。

（四）探索和建立新的用人机制

首先,建立聘任制度、奖励制度,引入竞争机制,建立适合高职教师选拔、上岗资格考核、骨干教师选拔与业务考核、职务晋升等一系列量化指标体系。

其次,建立起教师继续教育制度、实践锻炼制度等一系列管理制度。师资队伍管理要发挥整体效能,要按照相对稳定、合理流动、专兼结合、资源共享的原则,探索和建立相对稳定的骨干层和出入有序的流动层相结合的教师管理模式和教师资源与开发的有效机制,促进人才资源的优化配置和开发利用。

第七章 产教融合：高等职业教育中的校企合作探究

高等职业教育是高等教育发展中的一个类型，肩负着培养面向生产、建设、服务和管理第一线需要的高技能人才的使命。其教育性与经济性的双重性决定了其在实施过程中，要实现教育与产业发展的紧密对接，实现学校与企业的密切合作，即产教融合、校企合作。

第一节 产教融合与校企合作

产教融合与校企合作既是一种教育理念，也是一种人才培养模式，强调学校和企业密切合作、协同育人。它们是中国现代高等职业教育体系中极富中国特色的重要内容，也是高等职业教育的特质体现，现在已经成为培养技能型人才的基本途径。本节将对产教融合与校企合作的相关内容进行详细说明。

一、产教融合

产教融合是校企深度合作的产物。"产教融合"中，"产"是指产业，"教"是指教育，这里特指职业教育。

在我国，产教融合可追溯至 1995 年，江苏无锡市技工学校在《职业技能培训教学》（先改名为《职业》）发表文章《加强系统化管理不断提高生产实习教学质量》，首次提出了产教融合。该校在探索提高学生学习质量的过程中提出了"产教融合化"，即"千方百计寻求与生产实习紧密结合的产品，以提高学生的质量意识、产品意识、时间观念及动手能力"。① 这里的产教融合，"产"仅指产品，"教"仅指生产实习教学，概念和内涵比较狭窄，与目前所提出的产教融合概念有较大区别。自此之后，越来越多的研究人员开始关注、研究产教融合，研究成果逐渐丰富起来。

2011 年，教育部在《关于加快发展面向农村的职业教育的意见》，首次提出"促进产教深度合作"的要求。2013 年，党的十八届三中全会作出的《中共中央关于全面深化改革若干重大问题的决定》中提出："加快现代职业教育体系建设，深化产教融合、校企合作，培养高素质劳动者和技能型人才。"并明确指出要"产教融合、特色办学。同步规划职业教育与经济社会发展，协调推进人力资源开发与技术进步，推动教育教学改革与产业转型升级衔接配套。突出职业院校办学特色，强化校企协同育人。"建设以产教深度融合为导向的现代职业教育体系已经成为我国职业教育改革发展的根本目标，"产教融合"正式进入政府文件。

国内很多专家、学者都对产教融合概念及内涵给予解读。经过梳理，比较统一的认识是，产教融合是产教结合的进一步深化，是指产业界与职业教育界在结合点上突出合作的深度和广度，形成校企互动、一体化发展的局面，做到产中有教、教中有产，实现职业院校与企业的高度融合。产教融合的本质在于把高等职业教育与经济社会发展紧密地联系在一起，以促进区域经济社会发展为目标，以人才培养和企业发展为落脚点，逐步实现运行模式、课程体系、资源集成良性互动的机制创新，为创新人才培养奠定制度保障。

产教融合的具体环节包含：专业人才培养方案顶层设计、专业课程开发、专业实训基地建设、专业师资培养、专业教学模式设计等主要专业教学环节以及生产管理与教学管理融合。

二、校企合作

校企合作是学校与企业建立的一种联合培养技能型人才的合作模

---

① 江苏无锡市技工学校.加强系统化管理不断提高生产实习教学质量[J].职业技能培训学习，1995（02）：14.

式,利用学校和企业两种不同的教育环境和资源,采取课堂教学与学生参加实训工作有机结合的方式,培养适合不同用人单位需要的具有职业素质和创新能力人才的教育模式。这一人才培养模式源于国外的合作教育。1906 年,美国俄亥俄州的辛辛那提大学工程学院赫尔曼·施耐德教授首次推出合作教育计划,开创了课堂教学与工作实践相结合的学习模式,即最初的合作教育,标志着产学研结合模式的诞生。随后英国、日本、澳大利亚等国纷纷借鉴美国的经验,开展校企合作。

在我国,校企合作最早是从 1958 年提出"教育必须与生产劳动相结合"开始的。20 世纪末,上海工程技术大学学习加拿大滑铁卢大学的经验,采用"一年三学期,工学交替"的办学模式进行产学合作教育试验,标志着我国校企合作引入阶段的开始。它的基本原则是产学合作、双向参与、互利互惠;校企合作实施的途径和方法是工学结合,顶岗实践;要达到的目标是提高全面素质,适应市场经济发展对人才的需求。

校企合作是产教融合的下位概念,是指职业院校与企业的合作,是在微观上具体的院校与行业、企业开展的特定项目的合作,解决专业设置、课程教材开发、学生实习实训、专兼职教师培养聘用,以及企业文化与校园文化的融合等问题。校企合作强调的是在人才培养方面,学校和企业都是育人的主体,两个主体密切合作,共同参与人才培养的过程。2005 年国务院 35 号文件提出,"大力推行工学结合、校企合作的培养模式"。校企合作的下位概念是工学结合,是基于操作样式和实践规范的概念,是一种人才培养模式。

总体而言,校企合作是以培养应用型技术技能型人才为目标,产学合作,校企双方共同参与,以工学结合、顶岗实践为形式的职业教育人才培养基本方式。通过校企合作,学校能掌握企业对高等职业教育的人才要求,有利于合理设计专业结构,改革课程体系,制定人才培养方案,并充分利用企业的实践平台,培养学生的实践操作技能,开展师资培养与科研合作;企业则通过校企合作解决企业的管理、技术等问题,获得企业需要的高技能人才,为企业的转型升级服务。校企双方在实践教学场所、师资力量、社会服务、售息资源等方面实现互利共赢,促进职业教育的内涵发展。

就校企合作的内容而言,其包含多个方面,但所有合作内容最终都指向学生的实践能力培养。具体而言,包含以下几个方面。

（1）学生实践的合作。学校通过与企业合作的形式培养学生的实践能力。企业为学校提供实习实训基地、技术指导甚至资金支持,学校派出指导教师对实习全过程进行监控和指导,使学生在生产线将所学的专业理论知识转化为实际操作能力。

（2）师资培养的合作。高职教师不仅要具备一个高校教师的基本能力,还须具备与职业教育相匹配的职业技能,既要传授理论知识,还要动手示范。因此,高职教师的基本能力要求是"双师型"的。校企合作是解决"双师型"师资的有效途径。让教师进入企业学习或挂职锻炼,扩大企业相关人员与学校教师的交流,实现教师专业化发展。

（3）专业与课程设置的合作。高等职业教育的一个重要功能是服务区域社会经济的发展,企业是人才需求的主体,专业必须为产业服务。学校需要根据专业市场和人才培养规格的需要,调整专业课程结构,与企业合作共同开发课程,以保证教材理论性与实践性的紧密结合,反映企业生产岗位最新生产技术。在专业与课程设置方面校企共同合作,制定专业标准和人才培养方案,企业专业人员参与教材的编写,承担与实践相关的课程教学等。

（4）科研创新的合作。开展科研创新,实现科研成果的产业化是校企合作的又一个重要内容。学校拥有丰富的科研资源,企业则是科研成果的消费场所。校企产学研合作能加快学校的科研成果转化,直接融入市场和生产实践。

第二节　高等职业教育产教融合的主要模式

从世界职业教育的发展历程来看,职业教育是随着社会经济的发展和科技的进步而不断发展起来的。各国在职业教育的发展过程中逐步探索出各自行之有效的发展之路,其中产教融合被公认为职业教育人才培养的有效途径。高等职业教育产教融合是实现"供需吻合"的最好办法,即高职院校所供给的,正是社会所需要的、产业所需要的、企业所需要的。以下就国内外高等职业教育产教融合的主要模式进行阐述。

一、国外高等职业教育产教融合模式

在国外，高等职业教育产教融合模式最值得称道的是德国的"双元制"模式、美国的"合作教育"模式、英国的"工读交替"模式。

（一）德国"双元制"模式

德国的"双元制"闻名于世。在第二次世界大战之后的德国经济发展过程中，"双元制"职业技术教育为德国的经济社会培养了大批各种层次、各种类型的技术人才，被誉为创造德国经济奇迹的"秘密武器"。"双元制"中的一元是职业学校，主要负责传授与职业有关的专业知识；另一元是企业等校外实训场所，主要负责学生职业技能方面的专门培训。"双元制"模式里，企业与学校、教师与企业培训人共同培养学生，学生同时具有双重身份，旨在最大限度地利用学校和企业的条件和优势，强化理论与实践相结合，从而培养既具有专业理论知识，又具有专业技术和技能以及解决职业实际问题能力的高素质技术人才的一种教育制度。

具体而言，德国"双元制"模式的内涵表现在以下几个方面。

（1）两个培训主体，即企业和职业学校。

（2）两种教学内容，即在企业主要是传授职业技能和与之相关的专业知识和职业经验；职业学校的教学内容除专业理论知识，还包括普通文化知识。

（3）两种教材，即实训教材和理论教材。培训企业使用的是联邦职业教育研究所编写的全国统编教材，以便确保达到统一的培训标准和质量，而职业学校使用的理论教材则是由各出版社组织著名专家编写的，没有统一的全国或全州统编教材。

（4）两种实施方式，即企业遵循联邦职教所制定的培训条例来培训；职业学校则遵循所在州文教部颁布的教学计划组织教学。

（5）两类教师，即实训教师和理论教师。

（6）两种身份，即企业学徒和职校学生。

（7）两类考试，即技能考试和资格考试。技能考试是针对企业培训而制定的，资格考试则是针对职业学校的专业理论教学的。

（8）两类证书，即考试证书、培训证书和毕业证书。

（9）两种经费来源，即在企业的培训费用完全由企业承担，职业学校的经费则由国家和州政府负担。

（10）两个学习地点分别受两种不同类型法律的约束，即企业培训受《职业教育法》约束，职业学校则遵循《职业义务教育法》。

可见，德国"双元制"模式在整体的培养目标上是合二为一的，但在具体的教学过程中则又是一分为二的，表现出明显的双元属性的特征。

（二）美国"合作教育"模式

美国高等职业教育的主流模式是 CBE 模式，它强调由学校聘请行业中一批具有代表性的专家组成专业委员会，确定从事这一职业所应具备的能力，明确培养目标，然后由学校组织相关教学人员制定教学大纲，依此施教。而 CBE 模式具体到实践层面，就主要以合作教育的形式体现。

合作教育是美国产教融合中所采取的最为典型、最为成功、最负盛名的一种教育模式，也是美国社区学院采取的主要的产教融合机制。自1906 年辛辛那提大学学院院长赫尔曼·施耐德首次提出这一教育模式以来，美国的合作教育至今已有一百多年的历史。"合作教育"之"合作"是指"学校、学生、雇主"三方的合作。这其实是说明了"合作教育"的主体问题。世界合作教育协会对于"合作教育"的解释是"合作教育将课堂上的学习与工作中的学习结合起来，学生将理论知识应用于与之相关的、为真实的雇主效力且通常能获取报酬的工作实际中，然后将工作中遇到的挑战和增长的见识带回课堂，帮助他们在学习中进一步分析与思考"。合作教育增进了学校与企业的联系，在美国得到了高校、企业和政府的大力支持，取得了长足的发展。

美国"合作教育"实施办法：新生入学后，先在大学里学习半年，而后便以两个月左右为期限在企业进行实际训练和在大学学习理论知识，到毕业前半年再集中在大学授课，最后完成毕业设计。其目的是减轻大学在设施设备上的负担，优化教育资源配置，并使学生在学习期间获得就业技能和经验。其主要特点：第一，办学以学校一方为主，学校根据所设专业的需要与有关企业取得联系，双方签订合作合同，明确权利与义务；第二，教学时间分配上，大致分为 1:1，一半在校学习，一半在企业劳动，学习与劳动更换的方式灵活多样。

美国实施高等职业教育的主体是社区学院，"合作教育"贯穿于社区学院的办学全过程。

（三）英国"工读交替"模式

英国的"工读交替"模式也称"三明治"学制。其主要特点是在正规课程中，安排工作学期，在工作学期中，学生以"职业人"的身份参加顶岗工作并获得报酬。英国的专业完全是根据当地的工业、商业、服务业的实际需要而设定的。设置哪些专业和开设哪些课程，事先要经过多次调查，反复征询有关企事业单位的意见，然后进行评价，再报地方委员会批准。在英国，企业从以下几方面积极参与教育：雇主在一些教育基金会等关键机构中任职，雇主直接参与学校领导班子，企业参与制定职业资格标准，企业参与对学校的评估，企业以各种方式为学校提供资助以及与学校建立合作办学制度，提供实训设备、场地等。学校非常重视进行社会调查，总是根据社会、企业的需要设置专业，并严格按照企业或行业协会制定的标准进行教学计划。为了促使企业参与教育，政府可以通过立法，确保在承办继续教育的学校和公立中学的管委会中有企业主代表。企业主需要录用基础知识扎实、有培养前途的合格青年，因此他们对学校的教学方法和目标以及改革方式都要有所了解。同时，学校要符合企业主和青年人的要求，时刻掌握工作和劳动力市场的最新信息。

英国"工读交替"模式主要分为长期和短期两种。长期的"工读交替"模式指在学院学习和在企业工作的年限都较长，如4年制的课程，前两年在学校学习，第3年在企业工作，第4年又回到学院学习、考试，取得证书。而短期的则通常为6个月。

二、国内高等职业教育产教融合的一般模式

国内高等职业教育产教融合的一般模式主要有"订单式"人才培养模式、"2+1"人才培养模式、"工学交替"人才培养模式。

（一）"订单式"人才培养模式

所谓"订单式"人才培养模式，是指作为培养方的高职院校与作为用人方的企事业单位针对社会和市场需求共同制订人才培养计划，签订用人订单，并在师资、技术和办学条件等方面合作，通过"工学交替"的方式分别在学校及用人单位进行教学，学生毕业后直接到用人单位就业的一种人才培养模式。

"订单式"人才培养模式，不仅有利于整合社会优质教育资源，充分发挥高职院校服务地方经济建设的功能，而且还可以极大地调动学校、学生和企业的积极性，因材施教，提高人才培养的针对性和实用性，实现学校、企业和学生的"三赢"。但是，受"订单"的约束，容易造成学生知识结构上的狭窄和单一。

（二）"2+1"人才培养模式

"2+1"人才培养模式是指三年制的教学两年在学校组织，一年在企业进行。校内教学，以理论课为主，辅之以实验、实训等实践性教学环节；学生在企业的一年以顶岗实习为主，同时，学习部分专业课，结合实习经历选择毕业设计题目，在学校与企业指导教师的共同指导下完成毕业设计。"2+1"模式强调的是对学生综合素质、动力能力和解决实际问题能力的培养。其局限性在于学校很难帮助学生联系到合适的企业能接纳这么多学生，学生自己也很难找到合适的实习岗位，为学生提供顶岗实习的单位也很少，使一年在企业的实习流于形式，达不到预期的效果。

（三）"工学交替"人才培养模式

"工学交替"人才培养模式是一种学校与企业共同制订的人才培养方案，学生到企业生产实践与在学校学习相互交替，学用紧密结合的合作教育模式。"工学交替"的人才培养模式是一种企业全面参与，突出实践教学，重在培养学生职业素质、职业能力，学用紧密结合的合作教育模式。其局限性在于，对参与"工学交替"模式合作的企业要求较高。

第三节　高等职业教育产教融合的体制机制

体制机制的建设是当前高职院校在推进产教融合与校企合作中不可回避的问题。以下就对高等职业教育产教融合的体制机制进行详细论述。

一、产教融合与校企一体化的要素分析

高职院校独有的特性,决定了其发展必须引入"产教融合与校企一体化"的理念。根据利益相关者理论,重新梳理政府、院校、行业企业、科研机构、市场之间的多方关系,形成了"共同愿景、共构组织、共同建设、共同管理、共享成果、共担风险"的相关利益者,架构了"合作办学、合作育人、合作就业、合作研发、合作发展"五位一体的政、产、学、研、市一体化办学模式(图 7-1)。五个核心要素只有这样紧密合作打造共同体,才会有生命力,才能满足和适应区域社会、经济、行业企业的需要,获得可持续发展。

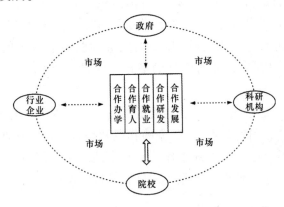

图 7-1　"政、产、学、研、市"一体化办学模式[①]

[①]　贺星岳等.现代高职的产教融合范式 [M].杭州：浙江大学出版社,2015：67.

（一）产教融合与校企一体化核心要素

作为产教融合与校企一体化的核心要素，"政、产、学、研、市"分别代表着政府机构、行业企业、高等院校、科研机构和市场五个主体。这五个主体的系统创新合作，代表着技术创新上、中、下游及创新环境与最终用户的对接与耦合过程，代表着从市场出发到最后回到市场的闭路循环。

"政"指的是政府机构。政府机构在地方职业教育中具有主导作用，如办学方向主导、政策主导、项目主导、资金主导等。政府机构主要是宏观引导，制定相关政策措施，引导各方资源、各方利益合理构架，实行市场化运作，使创新成果快速转化应用，实现经济价值。

"产"指的是行业企业。行业企业主要体现在全面参与学校教育过程的指导性，主要是指参与高等院校制定人才培养方案和规范标准等，发挥在校企合作中的牵线搭桥作用，推荐行业龙头企业与学校合作，提供行业最新资讯和合作项目等，指导校企合作。

"学"指的是高等院校。高等院校不仅聚集着大量高级专业人才，而且作为社会人才的培养基地，在知识含量、技术提升、观念更新、信息传播等方面都具有独特的优势。学校主体必须体现育人服务和社会服务的主体性，即学校发挥自身优势，提供场地、设备和师资，吸引行业企业参与校企合作，促进合作培养高技能专门人才。

"研"指的是科研机构。科研机构集聚众多优质创新要素，在技术研发与转移、产业再造和制度创新等方面都发挥着重要作用。科研机构以其研究方向的专业性、研究技术的先进性及专业人才的集聚性等特点，借助社会、政府、企业所建立的平台与资源，推动企业以及行业的整体发展。

"市"指的是市场，泛指社会需要，是五位一体合作的最终目的，也是创新的出发点和落脚点，是服务的起点和终端。市场在通过自身机制的调节提高用户在社会中的工作效率和生活质量的同时，也承担着评价与检验产教融合与校企一体化人才培养质量的职能。

（二）产教融合与校企一体化要素相互关系

"政、产、学、研、市"联动合作办学模式可以形成和谐的"生态圈"。

五个主体相互支持、相互渗透、优势互补，通过利益互赢、责任共担、契约化管理等方式，通过构建"政、产、学、研、市"一体化联动机制，确保形成一体化的"教育服务利益联合体"，加速区域产业结构转型升级，促进社会创新和区域经济发展。这种教育服务利益共同体的"政、产、学、研、市"合作模式，克服了以往校企合作的表面化，在合作理念和运行方面找到共赢的结合点，真正体现了各个主体参与人才培养的体制机制，有效提高高职院校的人才培养质量。"政、产、学、研、市"协同创新是一个复杂的社会协作过程，各主体要素之间存在着不同的互动关系，具体如表7-1所示。

表7-1 "政、产、学、研、市"协同创新模型中各参与要素互动关系分析[①]

要素	政府	企业	大学	科研机构	市场
政府		为企业提供政策和财政支持，提供科技公共服务平台	为大学提供科技创新各种中介服务，维护大学科技研究政策环境	为科研机构提供科技创新各种中介服务，维护科研机构科技研究政策环境	政府完善外部环境，提供政策、信息、金融等支持
企业	与政府合作发布相关协同创新合作信息		引导大学进行科技创新，转化高校的科研成果	引导科研机构进行科技创新，转化科研机构的科研成果	企业转化相关科研成果，满足市场需求
大学	大学需要政府搭建服务平台，提供相关科技创新信息，需要政府提供资金和政策支持	提供科研人才，提供科技创新研究成果		提供科研人才，与其合作共同进行科技创新研究	大学向市场输出人才，根据市场需求变化调整自身的技术创新方向
科研机构	科研机构需要政府搭建服务平台，提供相关科技创新信息，需要政府提供资金和政策支持	提供创新科技研究成果	与大学进行科技人才交流，与高校合作共同进行科技研究		根据市场需求变化调整自身的科技创新方向

① 孙萍，张经纬. 市场导向的政产学研用协同创新模型及保障机制研究 [J]. 科技进步与对策，2014（8）：20.

续表

要素	政府	企业	大学	科研机构	市场
市场	政府根据市场需求实现由创新主导者到引导者的身份转变	企业根据市场需求改变自己的生产需要	市场需求变化决定大学的科技创新方向	市场需求变化决定科研机构的科技创新方向	

（三）产教融合与校企一体化教育流程

如何将"政、产、学、研、市"这几个要素融入中国特色的职业教育是一个值得思考的问题。有学者从生态系统的视角来阐释产教融合与校企一体化的流程，教学性生产和生产性教学两个生态系统的连接成为校企合作的关键，彼此深度融合（图7-2）。

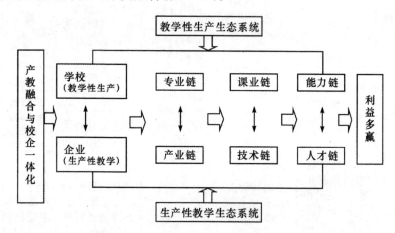

图 7-2　产教融合与校企一体化教育流程 [①]

由图7-2可知，产教融合与校企一体化最核心的要素是生产性与教育性的融合，是"教学性生产流程"与"生产性学习流程""链系统"的达成。

高职校企一体化教育流程的操作体系，将五大要素归于两大生态系统，即学校教学性生产生态系统和企业生产性教学生态系统。本流程教育性主导理念下的校企一体与一般校企结合的区别，就在于学校的专业

---

① 贺星岳等.现代高职的产教融合范式[M].杭州：浙江大学出版社，2015：70.

实践教学,甚至校内的专业性实训教学也是在生产过程中完成的,使专业性与生产性紧密结合。这种变革充分体现了课程范式项目化的特征,实现了专业教学实践与专业生产实践的链接,本流程称之为教学性生产生态系统。另外,本流程下,企业的生产因学校服务的介入令企业自觉分担育人职责的履行,企业的生产性与学生学习性生产在内容和形式上达到了高度统一,使生产职能附加了教育性,在同样的产品中注入了不同的内涵,形成了生产性教学的新模式,这是与一般企业生产的重要区别,本流程称之为生产性教学生态系统。

校企一体化的教学与生产两个生态系统的次系统是呈链状结构,而且二者间的链接点相互联系和相互作用。

首先,校企一体化的基础平台是学校和企业,联系的特征是教学性生产和生产性教学。在各自体系的构成上次生链有明显的差异,如生产性教学是融通于企业生产系统之中,而绝不是取代或改变企业的生产性质。因此,企业的生产是特定的、具体的,由此分化出众多的行业或企业,构成同类或他类的产业集群和产业链。确定了产业后,随着产品生产环节的分类,需要进而对主要技术进行分解,生产的统一性促成了相关技术的统一性,即分中有合,合中有分,生产技术链形成。技术表现的主体是相关的专业人才,这是企业生产生态中不可缺失的因素,以生产产品技术需求配置专业技术人才,人才链由此生成。同理,学校教学系统对应于企业生产链,内在的次生链也可分为专业链、课业链、能力链等节点,这也是由学校教育的规律所决定的。

其次,校企一体化教育流程的机制建立,就是在不同链接点上找到相通连动的内因和接纳的因子。在图7-2中明显地看到,校企一体化中专业链与产业链、课业链与技术链、能力链与人才链就是"一体化"的链接点。开什么专业的重要依据是区域行业产业人才需求的动态和趋向;给学生教授什么样的专业知识,配置什么课业体系,则参照企业生产的核心技术及项目生产必备的理论基础知识;综合产业与技术对人才素质的要求,学校的教育教学活动进而强化学生的专业技能,提高动手能力。

最后,高职校企一体化教育流程的目标是实现利益双赢。一方面,确保育人质量是流程构建的重要目的,同时要为合作企业提供优良的服务,发挥高校人力、智力、技术、科研等优势,为合作企业排忧解难,获取更好的生产效益。另一方面,合作企业在确保计划生产和利润的同时,也应和学校共同担当育人的责任,为了技能型人才的培养甚至不惜牺牲企业的一些利益。

二、产教融合与校企一体化的路径

贺星岳、邱开金(2011)在《高职院校一体化教育流程的研究与实践》中指出,校企一体化流程可从"三力""五共""四化""四度"的路径进行分析。在这个路径中,产教融合与校企一体化的主线仍然是教育性,在此基础上,再从政、产、学、研、市五个要素的利益契约合作关系中,体现出相互的包容、优势的互补、利益的互惠。

(一)一体化内聚力形成

产教融合与校企一体化的内聚力共有"五力",包括企业教育力、学校服务力、学生发展力、政府引导力、市场吸引力,这是实现产教融合的前提条件。

1. 企业教育力

产教融合与校企一体化,必须考虑合作企业的教育力,企业生产规模、生产效益要兼顾,但更重要的是要考察合作企业所具备的承担学生培养、学生生产实训中的技术技能指导的实力。

2. 学校服务力

学校自身也要根据师资、专业结构、学科技术和技能优势、科研能力等衡量与企业合作中能给以企业的服务力。

3. 学生发展力

更重要也是最根本的还要考虑学生的发展力,学生的专业性和专业能力培养是校企一体交汇的出发点和目的。

4. 政府引导力

政府对于学校、企业的引导力也是必须的,良好的政策、项目、资金支持,会营造优质的产教融合环境。

5. 市场吸引力

市场吸引力为产教融合与校企一体化提供了要素资源重新配置的空间。

（二）一体化目标要求

产教深度融合的基本内涵是产教一体、校企互动。产教融合与校企一体化的基本目标是实现"五个对接"。

1. 专业设置与产业需求对接

健全专业随产业发展动态调整的机制，优化专业设置，重点提升区域产业发展急需的技术技能人才培养能力。

2. 课程内容与职业标准对接

建立产业技术进步驱动课程改革机制，推动教学内容改革，按照科技发展水平和职业资格标准设计课程结构和内容。

3. 教学过程与生产过程对接

建立技术技能人才培养体系，打破传统学科体系的束缚，按照生产工作逻辑重新编排设计课程序列，同步深化文化、技术和技能学习与训练。

4. 毕业证书与职业资格证书对接

完善职业资格证书与学历证书的"双证融通"制度，将职业资格标准和行业技术规范纳入课程体系，使职业院校合格毕业生在获得学历证书的同时取得相应的职业资格证书。

5. 职业教育与终身学习对接

增强职业教育体系的开放性和多样性，使劳动者能够在职业发展的不同阶段通过多次选择、多种方式灵活接受职业教育和培训，满足学习者为职业发展而学习的多样化需求。

（三）一体化平台构建

产教融合与校企一体化必须把握"服务"与"培养"之间的平衡，因此在构建一体化平台的时候必须强调协同育人、协同创新、创业教育、产业调研以及成果转化等核心功能。

1. 协同育人

产教融合与校企一体化的主要目的和中心任务应聚焦于培养人才，因此育人是产教融合与校企一体化的核心。

2. 协同创新

产教融合与校企一体化就是一种新型协同创新模式，这种模式更强调的是不同层面的各要素群体相互合作与创新。

3. 创业教育

产教融合与校企一体化平台本质上就是一个创业创新的有效载体。产教融合与校企一体化平台的重要功能是鼓励并引导学生、教师参与创业创新实践，并将创业与专业、与科技、与区域产业、与政府导向相结合，提升师生的创业知识和经验、创业意识、创业能力、科技知识和创新能力、创业成效。

4. 产业调研

产教融合与校企一体化平台融合了大量的企业和相关行业，利用"政、产、学、研、市"的联动机制，可以深入了解整个行业和主要企业发展的现状、问题及发展趋势，从而为政府、行业、企业提供咨询建议，为高校提供人力需求报告，为科研机构提供产业需求的一手资料。

5. 成果转化

只有企业和大学两个轮子，是无法有效"驱动"区域创新经济发展的，而必须依靠"政、产、学、研、市"的一体化提供技术转移、成果转化的土壤。

（四）一体化课程与教学

1. 课程范式项目化

课程范式项目化强调实践课程要将专业性融入相关的专业生产项目之中，以专业生产过程的关键知识、核心能力安排实践课程。

2. 课程组织多样化

课程组织多样化强调实践教学并不排斥传统的课堂教学、模拟性的实训教学等，倡导课程组织的灵活性、多样性。

3. 课程实践生产化

课程实践生产化强调专业的实践课程要突出专业生产的知识特性和技术特性，尤其在真实的生产过程和生产环境中培养学生的专业技术及应用能力。

4. 课程成果产品化

课程成果产品化是校企一体化实践教学绩效评价的特殊要求。因学习是真实产品生产中的学习，实践性产品的质量将是评价学生学习态度和知识应用及迁移能力的重要指标评价参照体。

5. 课程改革同步化

课程改革同步化就是如何根据产业技术的变化驱动课程改革，使职业院校按照真实环境掌握真本领的要求开展教学活动。

（五）一体化质量评价

产教融合与校企一体化的质量评价指标主要依据学习主体、合作主体间的"满意"程度进行。这种一体化质量评价主体建议从学生满意度、企业满意度、学校满意度、社会满意度、政府满意度五个维度进行。学生满意度是最核心的标准，是整个路径操盘的重中之重。路径也考虑了产教融合与校企一体化的多面性，提出了校企合作双方的满意度评估。高职院校同样肩负着重要的公益服务的社会职能，校企一体化的效应不仅作用于相关联合体之间,也不可避免地会产生社会辐射及先导作用,放大高职社会公益服务功能,让更多的行业企业同享高校的优质资源,这是社会满意度的意义所指。作为政府提供教育服务公共产品的主要力量,政府作为主办方和投资者,政府满意度可以作为评价产教融合与校企一体化的办学方向与成效。

(六)一体化保障机制

法律作为一种强制性的社会规范,对产教深度融合具有直接的促进和保护作用,对产教融合与校企一体化的环境条件也有直接的调整作用,但是我国现行法律规定中至今尚没有一部关于校企合作的专门法律。在法律缺失的背景下,政、产、学、研、市五大主体可以从动力机制、组织机制、政策驱动机制、运行机制、利益共享机制等方面保障产教融合与校企一体化的有序运行,推动产教融合与校企一体化迈向更深层次和更高水平。

1. 动力机制

产教融合与校企一体化产生的动力机制是指合作主体多方要素之间相互作用、相互联系、相互制约的形式和作用方式。合作动力的产生主要由于利益驱动、优势互补、政策推进和发展需求等因素综合作用,激励院校、行业企业、科研机构在政府的影响下和市场的需求下产生合作意愿,提高合作兴趣,巩同合作发展的有关政策、制度和运作方式。

2. 组织机制

明确的组织机制是产教融合与校企一体化的基础,是形成自我约束、自我规范的内部管理体制和监督制约机制的保障。高职院校应成立产教融合与校企一体化组织管理机构,建立健全校企合作规划、合作治理、合作培养机制,使人才培养融入企业生产服务流程和价值创造过程。高职院校和合作企业要不断完善知识共享、课程更新、订单培养、顶岗实习、生产实训、交流任职、员工培训、协同创新、绩效评价等制度。推动学校把实训实习基地建在企业,企业把人才培养和培训基地建在学校的模式。探索引校进厂、引厂进校、前店后校等产教融合与校企一体化的多种合作形式。高职院校在校级层面指导和管理各专业与企业的合作,统一协调解决合作过程中遇到的问题。

3. 政策驱动机制

政策驱动机制主要是指各级政府主管部门制定出台的相关政策措施。政策体系的建立是产教融合与校企一体化良性发展的前提,也是其赖以生存和发展的基础。通过政策的制定,理顺政府与校企一体化进程中其他各主体之间的关系,制定具有前瞻性、战略性及科学性的政策体系,使我国的产教融合与校企一体化尽快步入科学化的发展轨道。例如,在技术积累创新方面,政府可制定多方参与的支持政策,推动政府、学校、行业、企业的联动,建立重点产业技术积累创新联合体,促进技术技能的积累和创新。

4. 运行机制

运行机制是保证"政、产、学、研、市"一体化正常运行的制度保障,主要包括以下几个方面。

（1）协议机制。协议机制主要指在尊重市场决定性资源配置的前提下,政产学研中所有与院校合作的单位必须签订合作办学协议,明确院校、行业企业、科研机构、政府四方的责、权、利,规范合作办学行为。

（2）沟通与反馈机制。沟通与反馈机制主要指定期召开主体成员全体会议、政产学研工作会议、校企合作工作会议、实训课程开发会议、师生会议等,撰写工作通信、工作简报及工作经验等,确保合作过程中的"校中厂""厂中校""生产性实训项目""双师工作站""校企合作管理信息平台"等正常运行。

（3）监管机制。监管机制是指及时跟踪项目的执行和落实情况,应对处理"校中厂"和"厂中校"运行资金投入、双师工作站人员工作岗位安排、课程教学质量等重大问题,执行奖罚措施,促进校企合作的利益共享。校企双方定期对运行情况进行检查,促进高质量地完成项目任务。

5. 利益共享机制

在产教深度融合过程中,学生既是求学者,又是工人、生产性实训的主体,学习有目标,学费有资助,毕业可就业,就业能对口;教师既是骨干教师、课程建设负责人、专业建设带头人,又是工程师、技术研发骨干；学校领导既是学校管理者，又是企业顾问、董事会成员；学校既是独立的教学单位，又是教育集团一分子。

企业生产车间是学校项目教学的教室；企业工作任务是学校项目教学的内容；企业生产设备设施是学校项目教学的实训设备；学生生产的企业产品是学校项目教学的作业；企业和院校用科研支撑教学，在育人的同时创造财富；企业管理是院校教学管理的一部分；职业院校教师和学生拥有知识产权的技术开发、产品设计等成果。

政府、相关行业协会是产教融合与校企一体化的引导者、组织者、服务者、氛围营造者、政策提供者、资金支持者，也是产教融合与校企一体化过程的受益者。

第八章 文化育人：高职院校的校园文化建设探究

习近平总书记在全国高校思想政治工作会议上指出，要更加注重以文化人、以文育人，广泛开展文明校园创建，开展形式多样、健康向上、格调高雅的校园文化活动。显然，校园文化建设已经成为当前高等教育领域中一个非常热门的话题。对于高职院校来说，校园文化是学校建设的灵魂。校园文化建设得如何，将影响师生的价值观念、道德意识、审美情趣和行为准则。所以，高职院校必须重视校园文化的建设，以便实现文化育人的目的。

第一节 高职院校校园文化建设的内涵

一、高职院校校园文化的特点

高职院校校园文化来源于社会文化，以社会文化为背景，滋生于社会而又不同于社会文化。它作为社会文化的亚文化形态，具有强烈的个性。以下便具体来看高职院校校园文化的几个突出特点。

（一）教育性

任何文化都或多或少、或显或隐具有一定的教育作用。高职院校校园文化是高等职业院校这一专门的教育环境中产生的文化，所以其教育特点十分显著。

高职院校中处处都是育人的场所,开展的各种校园文化活动也都具有很强的教育目的。良好的校园文化活动能够营造良好的校园文化氛围,帮助学生不断提高智力、道德和审美水平。其他形式的校园文化也都蕴藏着一定的教育力量,高职院校的教育者只要能抓住这些文化形态,并进行文化挖掘与文化引导,将有利于学生的健康成长。

（二）实践性

高职院校的学生正处于精力旺盛的时期,很多事情都想亲自体验。各种各样的校园文化活动正好为他们提供了体验的机会,在活动中,他们可以体验生活的乐趣、价值,可以培养良好的社会道德和精神。此外,高职院校校园文化活动具有较强的社会性,可以有效地增强学生的社会实践能力。可见,高职院校校园文化具有实践性特点。

（三）时代性

高职院校校园文化与其他文化一样,它与所处时代政治、经济的发展密切联系。新时代的高职院校校园文化总是对前一时代文化的继承、批判和超越。高等学校肩负着为社会主义现代化建设输送合格人才的重任,高职院校是高等学校的重要组成部分,所以,高职院校校园文化必须要适应时代主题的要求,把握时代脉搏,反映时代精神,弘扬时代主旋律。

（四）创造性

创造是高职院校校园文化的灵魂,没有创造便没有高职院校校园文化的生长和发展。高职院校的传播媒介比较完备,文化层次也相对较高,他们对社会文化的发展和走向表现出明显的关注,并创造出许多形式多样、内容丰富的高职院校校园文化活动。学校师生在创造多姿多彩的高职院校校园文化活动中,不仅丰富了高职院校校园文化的内涵,提高了文化意识,而且为自身的创造性思维提供了广阔的空间。显然,高职院校校园文化具有创造性特征。这种创造性可以为社会不断孕育出新的思想观点、理论学说和精神食粮，推进社会文化的进步。

（五）多元性

随着全球化进程的加快，信息通信技术的发展，国家与国家之间、民族与民族之间的距离被大大地拉近，文化上的交流和融合已经成为当今时代的重要特点。由于高校特有的功能，国外的许多新观念、新思想、新科技、新理论，大多都先传到高校，再通过高校培养人才和服务社会的功能注入社会，因此社会文化的多元化影响了校园文化的多元性。再加上高职院校中师生主体价值取向、知识水平、自身修养、兴趣追求的差异，校园文化的多元性就更为明显地呈现了出来。

二、高职院校校园文化建设的重要意义

校园文化建设是高职院校各项建设的灵魂。它既关系到院校现阶段能否在社会上如此激烈的竞争中立足，打造好品牌，保持旺盛生命力，又关系到高职院校未来发展。因此，高职院校在建校之初就应充分重视文化建设。具体而言，高职院校校园文化建设主要有以下几个方面的重要意义。

（一）有助于发展和引领社会主义先进文化

高校校园文化是社会主义社会文化的重要组成部分，是社会主义先进文化的重要源头，承担着引领社会主义先进文化发展的重要任务。大力发展高职院校校园文化，可以有效推动社会主义先进文化的建设。尤其是高职院校校园文化中的新思想、新知识更是能够为社会主义先进文化的发展提供强大动力。

（二）有助于促进和谐校园建设

没有和谐的校园文化，就不能形成共同的价值观念和思想道德基础，难以协调行动以实现共同的价值目标，会影响和谐校园与和谐社会的建设。建设良好的校园文化可以塑造和丰富人的精神内涵，提升人的文化精神境界,可以凝聚人心、协调利益、促进发展、共建和谐。所以,高职院校校园文化建设是实现学校和谐发展的现实需要,是和谐校园建设的重要保证。

(三)有助于提升高职院校核心竞争力

建设高职院校校园和谐文化,可以对外扩大影响,增强学校的综合实力和核心竞争力。高职院校对人才的吸引力很大程度上体现在学校的人文环境上。人文环境是校园文化的一个重要组成部分。此外,学校的办学理念和特色,深厚的人文传统、悠久的办学历史、学术科研水平等都是校园文化的重要内容,而它们又是社会影响力的重要组成部分。所以,建设校园文化必然有助于提升高职院校核心竞争力。

(四)有助于培养全面发展的高素质人才

高职院校的主要任务就是培养出一批德智体美全面发展的,具有大学知识,而又有一定专业技术和技能的人才。优秀的校园文化可以对学生进行思想引导、情感熏陶、意志磨炼和人格塑造,可以起到环境育人的作用,使学生形成正确的人生观、价值观和世界观。而高职院校校园文化建设一般都坚持把培养高素质的合格人才作为自己的目标。所以,建设校园文化对培养全面发展的高素质人才有着极其重要的意义。

三、高职院校校园文化建设的原则

高职院校校园文化建设既要遵循高校校园文化的一般原则,也要遵循一些特有原则。

(一)导向性原则

高职院校校园文化必须坚持社会主义文化方向,这是其坚持的首要原则。这就需要高职院校校园文化在建设中必须以马克思列宁主义、毛泽东思想、邓小平理论和"三个代表"重要思想为指导,坚持科学发展观,以此统领校园文化建设,绝不能搞指导思想的多元化。

（二）时代性原则

高职院校校园文化具有时代特征,它既受特定时代社会经济、政治的影响和制约,又受特定时代社会文化的影响和制约。所以,建设高职院校校园文化也要注意准确把握时代特征,积极适应形势的变化,及时更新人才培养观念,改革人才培养模式,创造出新的校园文化环境,以适应新的价值原则和新的生活方式。

（三）主体性原则

校园文化主体是指营造、参与建设校园文化的校园人,如学生、教师、管理人员、后勤服务人员等。不同的人员会发挥不同的作用,都对校园文化建设有较大的意义。因此,高职院校在建设校园文化的过程中,要注意以人为本,鼓励校园中的人都参与其中,使他们的主体作用得以充分发挥。

（四）系统性原则

高职院校校园文化建设是一个复杂的系统性工程。所以,建设校园文化的过程中要注意充分发挥文化活动、组织机构、工作队伍、文化设施、校园精神等各要素的作用,并与其他方面协调一致。在思考学院建设、办学模式、办学方向时,高职院校领导也要从学校发展的战略角度出发,对校园文化进行长期规划和决策,做出统一合理的安排,从人力、物力和财力上予以保证,并有计划、有步骤地实施。

（五）职业性原则

这是高职院校校园文化的一个特殊原则。高职院校的教育目标是为国家和地方经济发展培养适应生产、建设、管理、服务第一线需要的大量应用型高素质人才,因而高职院校校园文化应该强调职业性特征。具体来说,在建设校园文化的过程中,要注意与职业素质教育紧密结合。尤其是物质文化、制度文化、精神文化的建设应该融进更多具有职业特征、职业技能、职业道德、职业理想、职业人文素质等内容,促进学生素质尤其是职业性素质的提高,使学生具有较快的职业社会适应能力,为实现学校人才的培养与市场需求的"无缝"对接创造条件。

第二节　高职院校的校园环境建设

校园环境是高职院校赖以生存的基础,是校园文化体系中其他文化形态的物质载体。它构筑并丰富着高职院校校园的审美空间,承载着高职院校的文化精神。良好的校园环境会对学生施以经常的潜移默化的影响,使他们在不知不觉中受到感化、濡染和熏陶。所以,高职院校要重视校园环境建设。

一、校园环境的文化内涵

高职院校校园环境是校园物质文化范畴中的一个重要组成部分,具有深刻的文化内蕴。当我们进入其中,会感受到一种特别的氛围。这种感受的产生主要就是因为校园环境的每一组成,不管是各种建设、花木、草坪,还是园林、亭子、雕塑等,都不单纯是陈设的一种自然现象,而是再现了一个学校的历史、学校思想、学校精神、学校作风及校园人的理想和追求。

校园环境是技术和艺术、实用和审美的统一。不同的建设形式,承载着的是不同的主体精神,会给人不同的审美感受。在体现审美特性时,其主要是通过综合运用其艺术语言,结合学校的自然和人文背景,充分发挥环境的抽象性、象征性特点,表现出高职院校作为科学殿堂的一种神圣、崇高且震撼人心的科学美、一种与环境相和谐的自然美、一种展示着丰富的想象力和创造力的艺术美。因此,在校园环境的建设中,高职院校要注意使构成校园环境的每一部分,既具有实用功能,又具有审美功能,还能显现学校的文化精神,尤其是现代中国高职院校的文化精神。

校园环境的美化和建设对高职院校学生文化素质的教育,有着不可替代的推动作用。高职学生思想活跃、观念变化快、情绪易波动。他们一方面需要精神的安慰、思想观念的寄托、情感的抒发,以缓解内心的矛盾冲突;另一方面又有意无意地拒绝灌输、排斥权威,表现出较强的自主意识。高职院校校园环境就是一种了不起的无形教育力。校园环境熏陶是高职院校学生个性发展的重要渠道,一方面是因为它促进了高职院校学生感性自我的成长,另一方面又因为他促进着个性生存与发展的协调平衡,促进着创造性的发展。

二、校园环境的构成要素及建设要点

校园环境是多种景观元素与人文结合,具有一定的秩序、模式和结构。校园的自然人文景观、生活设施、教学设备等都是环境的重要构成要素,都可以反映校园文化。因此,在校园环境的建设过程中,要注意挖掘这些构成要素的文化内蕴。

（一）自然景观

自然景观是高职院校所处地理区位呈现出来的地域、地貌、气候特征、植被生态等,反映出校园的地域特色和自然空间布局。它是高职院校校园环境最基本的物化反映。当前,我国有许多高校在选址上就注重考虑自然景观因素,或依山傍水,或林园交错,在校园自然景观的打造上也根据自然空间来布局设计。南方的大学因气候温润暖和,校园里四季常绿,自然景观秀丽宜人,地势多起伏不平,呈现出错落有致的校园风貌,校园内的自然景观体现出优雅生动的园林山水体系。而北方大学因气候干燥寒冷,校园景观呈现四季分明的季节性特点,自然景观在不同时节给人的反差较大,这些地方往往平坦开阔,校园布局方方正正,给人简单明晰的印象。很显然,高职院校在选址上就首先要做好。

（二）人文景观

人文景观是人们在日常生活中，为了满足一些物质和精神等方面的需要，在自然景观的基础上，叠加了文化特质而构成的景观。高职院校的人文景观就是高职院校的建设者在办学过程中，根据学校的办学定位和人才培养目标，结合学校专业特色而人为打造的文化景观。它主要包括文化遗存、校园雕塑、水景、山石等。其中，文化遗存是最富有文化特征和纪念价值的人文景观，它反映了学校的历史传统和办学精神；雕塑一般位于学校的主要建筑和比较显著的地方，主要用来记录学校发生的重大历史事件或体现学校的办学目的，是学校在办学过程中凝练的办学思路和奋斗目标的具体体现。作为代表性的人文景观，它们既有形式美，又蕴含积极健康的寓意，可以说具有隐性的教育和感染功能。因此，高职院校应注意设置寓情、寓教、富有感染力的人文景观。

（三）校园建筑

校园建筑是学校进行教学活动的基本场所，也是大学校园物质文化最直接的载体。校园建筑根据使用功能不同可以分为教学楼、办公楼、实验楼、图书馆、体育馆、宿舍、食堂、附属医院、文体中心等。它们校园建筑通过各自的功能分区和建筑外形特征与校园景观一起，共同构成了整个校园的基本风貌。因此，高职院校在设计校园建筑时应既能满足使用价值，又能体现审美情趣和价值取向。校园建筑还要讲科学规划，要遵循学校自身的规律，要有自身的风格和品位。

图书馆是精深文化的重要传播基地。高职院校要十分重视这一建筑的建设。首先，要加大资金投入，建造规模相当的图书馆。图书馆的外观、造型要有特色，要庄重气派，让人一看就感觉是高校的图书馆。其次，要建立现代化的图书馆管理系统。在当今信息化时代，图书馆作为一个信息中心，就应当充分发挥其信息资源的共享功能。高职院校要建立常用的数目数据库、指南数据库、全文数据库等，以便为师生提供丰富的图书、信息、资料。最后，要抓好藏书建设。藏书建设是图书馆的首要工作，高职院校要根据自身发展规模有计划地加强藏书建设。在经费有限的情况下，尽力采购实用、有价值、专业的图书资料。

（四）生活设施

为高职院校师生生活需要而配备的餐饮、医疗、交通、文娱活动等基础设施就是校园中的生活设施。这些生活设施往往反映着学校物质文化建设的水平和在服务校园师生生活方面所起到的作用，是对学校物质文化建设成果的具体运用。餐饮设施要有助于为学校师生营造一个清新淡雅、干净整洁的就餐环境；医疗设施要满足全校师生日常基本的健康需求；交通设施要齐全，要解决校区之间的交通问题；文娱设施也是校园环境中不可缺少的内容，其可以传播校园文化、丰富师生的业余文化生活，形成积极向上的校园风气，因而要完备、要及时更新、要有特色。

（五）教学设施

教学设施就是跟教学相关的各种教学辅助设备，包括多媒体、办公设备、实验仪器和校园网络等。作为知识传承和创新的地方，高职院校校园最重要的教学辅助工具就是多媒体教学设备，随着信息化时代的到来，高职院校校园的教学手段也发生了翻天覆地的变化，多媒体教学已经成为课堂必不可少的教学手段。教学设施的优劣可以反映出学校物质文化建设的水平。所以，高职院校也要重视教学设施的设计与优化。

三、校园环境建设的策略

加强校园环境建设已成为当前我国高校提升学校品牌、优化育人环境、提高办学质量、增强市场竞争力的战略举措，受到各学校的普遍重视。对于高职院校来说，建设校园环境不能太盲目，要有规划性，并讲究一定的策略。

（一）考虑实际，准确定位

高等职业教育的办学方向要正确地体现在学校的办学思路之中，坚持以就业为导向，培养面向生产、建设、管理、服务第一线需要的应用型高素质人才。因此，高职院校应认真分析自身的特点，仔细研究高职院校人才培养规律,科学预测专业发展趋势,找准自己的定位,设计学校长期发展的品牌路线,以此为基础,开展校园环境文化建设,将学校的正确定位理念物质化,让学校的建筑、园林、水境、雕塑、实验场馆、校园标识等物质形态,都要围绕学校定位来设计建设或改造,让每一个走进校园的人,都能从置身的环境中感受到学校独特的魅力。

(二)正确理解和把握校园精神

校园环境是校园文化的承载者,体现校园人的精神风貌。高职院校开展校园环境建设除了依托学校正确定位以外,更需要正确理解和把握校园精神的内容。校园精神作为一种精神力量,是无形的,看不见的;但它作为一种规范力量,又是一种有形的、摸得着的,可以用某种概念描述出来。高职院校在建设校园环境时,要注意对校园精神(人文精神、治学精神、职业精神、技术精神、实践精神、创新精神等)进行研究、总结、提炼与升华,形成概念化、品牌化,并使其融入校园环境之中。校园精神一旦提炼升华形成概念,就可以指导校园环境的建设,通过校园的建筑园林、绿化工程、生活设施、文化设施、教学设备以及这些要素的相互组合,形成一种特有的环境氛围,构成一种整体的育人氛围,为广大师生的学习生活提供良好的外部环境。

(三)进行科学的规划设计

在校园环境建设过程中,学校定位的体现、校园精神的诉求,最终都是通过编制和实施校园规划来实现的。所以,高职院校必须注重校园规划设计。校园规划设计是一项专业性很强的工作,是一项由工程技术、教育、文化、艺术相结合的系统工程。鉴于此,高职院校在规划设计时就要注重既遵循普遍适用的规律和通用的标准,又根据各学校实际把握自身特点,编制出一套个性化强、适用性好并长期有效的校园规划蓝本,以此指导校园环境建设。

(四)正确处理校园环境建设与成本均衡的关系

建设校园环境必然需要投入不少的资金,那么加强高职院校校园环境建设过程中的成本控制,实现校园环境建设与建设成本的均衡,对高职院校的健康发展是具有十分重要意义的。为此,高职院校应注意以下几点。

第一,以科学、可持续的发展观为指导,统筹协调各方面关系,具体实施要分阶段、分步骤进行。

第二,校园环境的设施、景点、园林、绿化等建设项目,要充分利用现有条件,尽可能因地制宜,通过巧妙构思与设计,既达到较好的文化和功能效果,又节省建设开支。

第三,根据高职院校实际情况,制定学校的长期财务计划,将校园环境建设纳入学校长期财务计划之中,对每一个规划项目建立相应的成本模型,进行财务风险控制,确保以最少的投入获得最佳的投资效益。

第四,加强校园环境文化项目建设过程的科学管理,建立项目招标采购、工程监理、验收付款等全过程的项目监督控制机制,保证工程质量,控制建设成本,实行公开、公平、公正的阳光工程。

（五）促进师生的广泛参与

校园环境建设是一个长期的、动态的过程,既包括各个环境文化项目的规划、设计与建设工程,也包括校园环境文化的宣传教育与日常维护。这些都离不开学校师生的广泛参与。学校师生是学校环境建设的主体之一,高职院校要积极创造条件,调动师生参与校园环境文化建设的积极性,充分发挥校园环境文化的育人功能。具体来说,师生的广泛参与可从以下几个方面进行。

第一,在学校定位、校园精神确定方面,要广泛开展讨论,集思广益,听取师生意见,形成校园精神文化的共识。

第二,在校园环境规划设计阶段,要对每一个规划设计方案,在充分尊重专家和专业技术人员创造性劳动的基础上,广泛征求师生意见,充分发扬民主,开展建设方案的民主评议和论证。

第三,校园环境建设是一个长期的工程,学校应当培养师生的自主意识,帮助他们认识到营造优良环境对自身发展的重要性,从而使他们积极主动地参与校园环境的建设。

第三节　高职院校的制度文化建设

高职院校是社会的组成部分,任何组织必须要有自己一套完整的管理制度来维护其自身的运营,高职院校也是如此。为了学校自身的发展,必须建立健全一套完整的科学可行的规章制度来保证学校的教学、科研、生活及其他方面的正常运转。学校的规章制度往往会体现学校是价值取向和信仰追求,因而就有了制度文化。高职院校的制度文化,就是指在高职院校这个特定的组织环境中,师生员工对学校各种规章制度的一般规律性认识,包括学校管理者制定各种制度的理性原则、价值取向、理念追求、道德标准、利益观念等一系列的观念体系和对制度的认知与习惯。制度文化也是高职院校校园文化的重要组成部分。它对于维系校园秩序、促进学校教育活动的顺利开展有着十分重要的意义。因此,高职院校必须重视制度文化的建设。

一、高职院校制度文化的主要功能

制度文化介于精神文化和物质文化之间,是物质文化和精神文化的中介,在协调个人与学校、学校与社会的关系,保证学校的凝聚力方面起着十分重要的作用,深刻地影响着校园师生的物质生活和精神生活。现代教育理念更是表明,只有建立了现代大学制度文化,才能建设好现代大学。具体而言,高职院校制度文化主要发挥着以下几个功能。

(一)引导功能

高职院校制度文化的突出特征是在确定师生员工的行为模式的同时,规定着与行为相应的结果,告知全校师生员工哪些行为可以做,哪些行为必须做,哪些行为不能做,这种行为规则的本身就体现着一种引导。通过整合有限的教育资源,用制度来引导校园生活的有序开展,形成良好的人文环境。

　　高职院校制定各种制度的目的，不单纯为了约束全校师生员工的行为，它的深层含义在于培养符合社会需要的优秀的应用型人才。所以，高职院校各种规章制度的制定，是为了调整现在与未来，学校与学生之间、教师与学生之间、教师与教师之间、学生与学生之间的各种关系，使各种关系处于一个符合学校培育优秀应用型人才的良好状态。一般来说，高职院校成熟的制度文化具有激发师生员工积极性和能动性的作用，能促使师生员工朝着理想境界不断地努力奋斗。因为高职院校中的各种规章制度，规定着师生员工的言行，为他们的品质、行为、人格的自我评定，提供了内在尺度。有什么样的规范，就会形成和强化什么样的人生观、价值观。

（二）约束功能

　　高职院校各种规章制度体现了社会对学校的需求，表现为国家或社会群体对学校的期待，因此为了体现国家和社会的根本利益，高职院校的一些政策法令、规章制度就带有了一定的强制特点。当然，制度本身也是具有约束性的。高职院校中所有的规章制度一旦形成，对学校的所有成员都会起到约束作用，这种约束在校园主体身上的长期存在，会形成一种强大的力量，使学校的师生都能自觉地约束自己，让自己的行为符合学校的规范。从另外一个角度来看，高职院校制度体现了社会对学校在人才培养和社会服务等方面的需求，国家和社会需要什么样的人才和急需什么样的技术，学校的校园制度就会偏向这些方面，尽量让办学宗旨和社会需求一致，于是学校制度就会约束师生朝着社会需要的方向发展。

（三）凝聚功能

　　高职院校制度文化是广大师生员工共同创造的群体文化，寄托着他们共同的理想追求，体现着他们共同的心理意识、价值观念和文化习性。这种共同的心理意识、价值观念和文化习性会激发全校师生员工对学校目标、准则的认同感和作为学校一员的使命感、自豪感和归属感，从而形成强烈的向心力、凝聚力和群体意识。这种向心力、凝聚力和群体意识又会促使广大师生员工在日常学习、生活和工作中时刻清醒地意识到自己作为学校的一分子,与学校的命运和前途紧紧地联系在一起,从而产生强烈的认同感。

二、高职院校制度文化的建设策略

高职院校制度文化建设是一项极其复杂的系统工程。进入 21 世纪以来,高等职业教育开始由规模效益发展阶段,进入内涵建设的关键时期。在这一时期,高职院校如果不重视制度文化的建设,将在很大程度上阻碍本校的发展。高职院校必须先解决制度问题,要将制度文化作为一个体系来构建。具体而言,制度文化的建设应注意采取以下重要策略。

（一）树立以人为本的理念

高职院校在构建制度文化的过程中,应树立以人为本的理念,充分发扬民主决策,实行科学管理,做到人性化服务。以人为本的基础是尊重人,在建立、健全各项规章制度时,要充分尊重教师和学生的意愿,要以发展变化的眼光来分析处理各项问题,摒弃以往管理层与教职员工的单向制约关系以及那种无条件地服从机制,建立起一种互动、对话与沟通的和谐关系,从源头上保障制度文化的良好发展。

此外,在制定各项规章制度时,高职院校应注意保障师生员工的合法权益,注重制定人性化的政策,鼓励全校师生员工积极参与民主决策。发挥主人翁精神,使制度文化建设与以人为本的管理理念始终保有一种张力关系,找到刚性约束与人性化关怀的契合点。

（二）构建集权威性、科学性、可操作性于一体的制度体系

高职院校要想拥有良好的制度文化,必须构建一个科学、权威、具有可操作性的规章制度体系。规章制度体系如何,关系到学校领导文化水平的高低,也关系到学校管理水平的高低。为此,高职院校应做到以下几个方面。

第一,在制定和完善大学规章制度时,必须以党和国家的教育法规、

政策为依据,以便确保制度与国家的方针政策在方向上保持一致。如果制度在制定的过程中与现行的法律相冲突,权威性就无法体现。

第二,在制定学校规章制度时,在保证权威性的基础上,要从学校的实际情况出发,讲究科学性,符合教育规范,符合高职院校办学的规律和管理活动的客观实际,遵从管理科学和教育科学的基本原理,体现学校集体的意志、传统和风格。

第三,制定的制度应该具有可操作性。如果制度缺乏可操作性,在实施过程中将发挥不出制度应有的作用,制度就会成为摆设。在制度的制定过程中,一定要结合大学实际、从办学需要出发,在充分调研和反复论证的基础上制定形成,避免出现不可操作的情况。

在制度文化建设中,只有通过不断完善制度体系,才能为高职院校创造良好的教学环境、科研环境、生活环境,为高职院校校园文化建设提供制度上的保障,使高职院校的综合实力得到有效的提高。

（三）遵循继承与发展相统一的原则

高职院校制度文化是高职院校自办校以来的长期实践中逐渐形成的,因而其制度体系建构必然需要继承以往制度文化的一些建设成果。不过,社会是不断发展变化的,随着社会事物的发展变化,人们对事物的认识也会不断发展。作为规章制度本身,随着时间的推移和客观环境的改变,出现一些与实际状况不相适应的现象是必然的,也是很正常的。所以,高职院校制度的制定者应勇于对一些不符合历史发展趋势,对学校发展起阻碍作用的规章制度进行改革、抛弃和修订,积极删改一些不适用的内容,补充一些不全面、不完善的内容。在制度文化发展中,高职院校也应当破旧立新,建立与时俱进的规章制度。

（四）抓好制度的实施工作

高职院校规章制度制定好了,并不会自然而然地形成高职院校的制度文化。高职院校制度文化的功能如何体现,还要看高职院校制度能否被广大师生所接受。所以,高职院校在建设制度文化的过程中,还要十分重视方法和实效,抓好制度的实施。

在抓好制度实施的过程中,高职院校应注意以下两点:第一,加强宣传,使广大师生正确理解各项规章制度的内容,明确遵守规章制度的作用,以使制度受到高度认可,使师生自愿遵守。第二,建立工作责任制,让实施人员在工作中树立较强的责任意识,进而打造符合高职院校特点的制度文化体系。

第四节 高职院校的行为文化建设

高职院校行为文化是高职院校师生员工在生活、学习、工作中所表现出的精神状态、行为操守和文化品位。它是高职院校校园文化活动中最直接、最广泛的部分,不仅动态地折射了高职院校作风、精神状态和人际关系,也具体体现了高职院校精神、办学理念和价值观。因此,在高职院校校园文化的建设中,不能不重视行为文化的建设。

一、高职院校行为文化的重要意义

高职院校行为文化是高职院校校园文化中最活跃、最生动、最形象的展现部分。优秀的行为文化对校园文化建设的全局有着十分重要的意义,以下具体来看。

（一）行为文化是彰显高职院校校园文化的重要载体

高职院校校园文化建设的主体是高职院校中的师生员工,是人,这种主体特点就决定了高职院校的文化建设主要通过人来体现出高职院校的文化建设状况,而人最重要最直观的又是其言行。对于某一高职院校校园文化的优劣,你可能只是因为接触了这个院校的师生,就能做出大致准确的分析判断。因为师生的日常精神面貌、做人做事的态度、工作中乃至社交场合的行为表现,都能折射出自己学校的文化底蕴,所以行为文化是彰显高职院校校园文化的重要载体。没有行为文化,高职院校校园文化就无法实现。

（二）行为文化是联结高职院校校园文化各个层面的桥梁和纽带

行为文化是高职院校校园文化中沟通各个层次的关键环节，有精神层面的指导，才有行为活动的需求。高职院校精神文化的塑造和认同，制度文化的制定和实施，物质文化的设计和建设等均离不开行为文化的结果，其着力点和切入点都在行为文化上。

如果行为文化不存在，那么理念和制度都是空谈。在高职院校校园文化构成的层次关系中，理念精神是大学校园文化的核心，是一切行为活动的思想指南；制度是理念的延伸，制度使理念的实施有了根本保障，对行为产生直接的规范和约束力；物质文化是人们能看到、听到的、接触到的具象表现形式，它为精神、制度、行为提供物质支撑与创造条件，但是这三个层次都是通过行为文化来表现的。高职院校行为文化是联结高职院校校园文化各个层面的桥梁和纽带，必不可少，也不能孤立存在。

（三）行为文化发挥着教化、引导和示范的重要作用

文化的核心理念是"精气"，行为活动是"骨肉"，二者有机融合，才能充分发挥人的本能和自觉教育、引导作用。高职院校行为文化通过各种活动，可以帮助师生员工形成正确的价值取向、自觉的行为规范、严谨的治学精神、高雅的生活方式，起到以德育人、以教化人的积极作用。高职院校师生员工在日常的教育教学、学术科研、社会交往、管理服务、文化娱乐等行为活动中所体现出来的文化品格、精神风貌、文化水平也直接影响和教育着学校及周边整体的文明程度。高职院校行为文化的优劣，也将深深地影响学校师生员工的思想道德素质、科学文化素养和身心健康。良好的行为文化无时无刻不体现出学校优良的文化传统和精神，它引导并吸引着更多新群体向优良行为文化方向靠拢发展，更有助于凝聚和培养优秀人才。

二、高职院校行为文化建设的基本路径

行为文化是校园文化在学生包括老师身上的具体体现，主要指师生的行为习惯、生活模式、各类群体（社团）活动以及在此基础上表现出

来的校风、学风等。高职院校创建校园行为文化可以从以下几个方面进行。

（一）管理行为文化建设

管理是学校的一个重要职能，学校管理行为中处处体现着学校的文化特点，体现着学校的文化品位。因此，高职院校在行为文化建设中，必须重视管理行为文化的建设。具体来说，要做到以下几个方面。

第一，树立"以人为本，服务至上"的管理理念。管理的目的就在于更好地保证学校工作的正常开展。良好的管理行为文化的构建，离不开"以人为本"理念的引导，这种服务理念要求高职院校的管理要服务好教育教学、学术科研、文化实践等，要为学校师生员工的工作和学习创造好的内外部环境，要坚持对师生负责，维护师生的正当权益，为教师进步、学生成才提供良好的平台。

第二，建立高效精简的管理机构和高素质管理队伍。越是高效的管理，管理的层次越趋向"扁平化"、中间环节越精简。机构的精简是高效管理的前提条件，精简的指导思想是用最少的机构、最少的人、最简洁的程序办好所有的管理事务。精简的前提又必须是人员素质的绝对保障和管理风格、模式的科学高效。高职院校要注意改进管理风气和水平，精简管理机构和管理队伍。通过各种措施，建立一支高素质、高效率、高品位的管理专家队伍。

第三，加强民主管理体制建设。在学校管理中，只有采取民主决策才能体现决策的科学和管理的高效。因此，高职院校要建立并完善科学、合理的民主决策制度，强化管理中的民主意识，有效地促进优秀管理文化的形成和积淀。

第四，加强管理者素质的培养和提高。高职院校管理行为文化建设的关键是管理者，他们的文化品位、道德学识、教育理念、管理才能等决定着也反映着高职院校管理行为文化的水平。管理者的行为是大学精神与大学品牌形成的"核心力"，他们的行为关系着高职院校管理的各个层面和环节，带动着整个高职院校校园行为文化的建设，因而要注意不断提高他们的管理素质。

（二）学习行为文化建设

高职院校学习行为文化是多层面的，它涵盖了以高职院校学生为主体的群体学习行为，具有鲜明的组织和群体行为特质，是一种实现共同发展愿景的学习。高职院校学习行为文化也是一个精神系统，包括学习理念、学习习惯、学习道德、学习精神等多种元素。学习理念是学习文化的基点；学习习惯和学习道德是学习文化建设的保障。良好的学习习惯和学习道德能促进学生学习效率的提高，保证正常的学习秩序。建设好高职院校学习行为文化应从以下几个方面入手。

第一，教师的教学既在培养学生，又在造就独立学者。所以，教师要通过主动参与各种正式或非正式活动的经验，使学习行为活动持续的改变和进步。

第二，学生是大学学习行为的本体层，学生要注意确立具体、明确的学习目标，在课程学习之外，安排好自己的学习时间、学习计划，实现自主学习，同时学会在现有知识的基础上进行开拓、探索和创新。也就是说，学生的学习行为应不再局限于对已有知识的复印，而是带有思考、研究色彩的创造性学习。

第三，学校要建立一种包括大学人终身学习、全员全程学习和团队学习在内的学习机制和氛围，以群体意识和团队形式促进学习成效、提升学习品格、营造学习氛围，让学生学习行为逐渐形成有自身特色的文化，充满生机活力，形成共同的学习价值观，达成共同愿景。

（三）教育教学行为文化建设

教育教学是高职院校一切工作的基础与中心。由于教育教学行为直接反映着学校教育理念和教师的专业素养，也直接关系着学生的健康成长和文化素质的养成，所以就有了教育教学行为文化。这种文化以背景和教学实践为基础的，与教育者自身的文化素质、文化意识之间存在有机的联系。加强教育教学行为文化建设，需要做好以下几个方面的工作。

第一，促进教育教学观念的转变。时代与社会发展对教育教学提出了新的要求，教育者也应当及时转变教育教学观念，跟上教育教学改革的步伐。比如，教育教学应从传统基础知识的灌输模式转而致力于综合学习能力的培养与开发,从控制型教学向民主型教学转变,从隔离型教学向合作型教学转变。再如,教学手段应引入探究性学习、合作性学习、实践性学习等。

第二,构建和谐师生关系。教育教学行为文化包含了师生在教学和学习生活中逐步形成的共同价值观、行为准则、精神风貌、教风和学风。师生关系和谐能够促进教育教学行为文化建设。因此,要重视和谐师生关系的构建。教学是个能动的过程,它需要在教师和学生之间架起理解的桥梁。教师应围绕课程与学生进行良性互动,通过接触、交流、对话等,让彼此在心理和情感上更为理解和接纳对方。

第三,建立科学的运行机制。建立科学的运行机制是教育教学行为文化建设中的一个重要内容。它是保障和基础,有了制度的支撑,教育教学行为文化建设才能做到有的放矢、有条不紊。推行教学激励和竞争机制是动力,它可以调动教师践行教育教学行为文化的积极性和主动性;建立教学思想的创新机制是源泉,因为教育教学的过程不仅仅是对某种文化的履行,更是一个创新发展的过程,只有制度上的规约和明确、技术的支撑和创新,才能使教育教学文化建设落到实处。

第四,注重师生人格的独立和思考的自由,尊重创造精神,促进以师生为主体的教学文化发展和创新能力培养,以满足高职院校校园文化建设对人才素质培养的新需求。

第五,不断加强教师的学识和修养。教师的教育教学水平关系到教育教学的质量,学生的发展与前途。教师不但要传授给学生一定的知识,关键是要引发学生的学习兴趣,培养学生的自学能力和创新能力。教师是知识的传授者、开拓者和创造者,只有勇于开拓创新,才更能激起学生的创造力。

（四）学术行为文化建设

学术行为文化是高校师生在从事学术和科学技术研究活动过程中所形成的特有文化,这种长期的行为活动逐渐形成高校师生共同的学术信念和追求、肩负起共同的学术使命并遵守共同的学术科学规范。高职院校的学术活动比不上普通高等学校的学术活动,但并不是没有。学术行为文化为高职院校其他文化的发展提供了一种理性的凭借,也是高职院校行为文化建设的一项内容。一般来说,学术行为文化是通过高职院校师生在学术活动中的学习交流、认识研究等行为机制来实现的。不管是以学生为主体或是以教师为主体的学术行为活动，对改造他们的精神世界，提高专业水平，提升综合素质都起着积极的作用。学术行为文化建设应注意做好以下四个方面。

第一，坚持学术为公的态度，树立正确的科技价值观。发挥团队精神，激发个人潜能，遵循科技发展规律，规范创新行为，树立良好的科技道德，把确立正确的科技价值观与文化建设核心价值观紧密结合，以创新文化促进科技发展。

第二，建立和完善适合高职院校学术文化人才特点的管理机制，优化学术人才资源配置，建立长效的激励机制，引进、培养和造就一大批高素质的学术带头人和学术骨干，促进学术文化人才集聚。

第三，鼓励学术自由探索，形成浓厚、宽松的学术环境和人才生态环境，需要建立一种自由、民主、创新的氛围和空间，尊重知识、尊重人才，形成具有大学特色优势和对学术文化人才的持续吸引力。

第四，建立严格的学术规范。科学是实事求是的学问，来不得半点虚假。高职院校中的学术研究人员要诚实严谨，明确学术事业是对真理和正义的追求，要戒除浮躁、急功近利的心态，不媚俗、不媚学、不媚权，自觉与伪科学做斗争，严格遵守科学的道德规范，弘扬科学精神。

（五）文体行为文化建设

学校文艺体育活动是学校展示校园文化和素质教育成果的重要平台。因此，高职院校也要重视文体行为文化的建设，高职院校校园文体活动的内容极为丰富，有文化艺术演出活动、艺术展览活动、各类文艺讲座活动、电影欣赏活动、艺术研讨活动、体育竞赛活动、各类体育团体文化活动等。这些活动丰富了师生的课外生活，陶冶和塑造着师生的综合文化素质。

文体行为文化建设要紧紧围绕高职院校校园文化的核心理念，通过丰富多彩的文艺体育活动，注重思想性和导向性，体现示范性和群众性，提高创新性和实效性，努力营造"健康活泼、积极向上、催人奋进"的文化氛围，带动大学校园文化活动的全面开展。更为明确地说，高职院校行为文化建设要遵循以下两大原则。

第一，育人原则。开展文艺体育活动，其最终目的是育人，着重在培养和提高高职学生的综合素质。为此,高职院校要充分利用重大节庆日、纪念日举办各种文艺体育活动,弘扬主旋律,努力营造一个积极活跃的氛围。

第二,开拓创新原则。校园文艺体育活动的开展要在制度的保障下,不断拓展文化活动空间,为高职院校的文化活动创造一个展示、锻炼、表现、提高和发展的舞台,使之沿着健康向上的轨道持续发展。

第五节　高职院校的道德文化建设

道德与文化之间有着非常密切的关系,它们相互作用、相互影响,道德在某些方面制约和影响着文化的发展,而文化在发展同时也会促进道德的完善。高职院校是培养高素质应用型人才的重要场所。良好的道德文化对于高职院校实现人才的培养目标具有重要的作用。因此,高职院校也要重视道德文化的建设。

一、高职院校道德文化的重要意义

高等职业教育是以服务社会主义现代化建设为宗旨,不仅要培养满足生产、建设、管理、服务需要的实践能力强的高技能人才,而且还需具有符合社会发展的良好思想道德水平的高素质人才。高职院校开展道德文化建设显然有助于培养这样的人才。

（一）道德文化是先进文化的组成部分

如果说高职院校是建设先进文化的重要阵地,那么道德文化则是先进文化的鲜明特征。而社会主义事业是人类历史上最伟大的事业,高职院校道德文化建设的目标和根本任务,是全面提高高职学生的思想道德素质,是为培养有理想、有道德、有文化、有纪律的社会主义事业接班人服务的。高职院校以先进的道德文化培养人、教育人、引导人、塑造人,生动地体现了先进文化对提高全民族思想道德素质的重要作用。

（二）道德文化有助于满足高职院校师生员工的道德需求

优秀的道德文化会帮助高职院校师生员工拥有高尚的情操和强烈的社会责任感，这就决定了高职院校道德文化是一种符合时代潮流的满足高职院校师生员工需求的文化。"道德需要作为一种特殊的、高级的社会需要，它同一般的物质需要和精神需要不同，它不是从社会去获得、索取、占有、使用、享受某种物质的或精神的产品来满足自己，而是通过对社会或他人的给予、奉献、牺牲来满足自己。道德需要是建筑在高度自觉的、完全自律的、依靠内心信念来满足的一种需要。"[①]高职院校创造、发展并完善道德文化，显然能帮助师生员工在生活、学习、工作实践中满足自己的道德需求。

（三）道德文化有助于学生获得精神动力

由于高职院校在办学过程中也需要培养有理想、有道德、有文化、有纪律的"四有"新人，因此高职院校校园文化建设的各个环节便围绕启发、引导、培育和激励学生的"良知"和"责任感"进行，道德文化内容的丰富性、理念的先进性和价值的广泛性，能促使学生在良好的道德环境中获得精神动力。

二、高职院校道德文化建设的有效策略

高职院校道德文化建设是一项复杂的系统工程，需要高职院校找准切入点和载体，将道德文化建设与发展高职院校校园文化有机结合，以有效的方式方法来培育优良的校园道德文化。高职院校在建设道德文化的过程中，可采取以下有效策略。

---

① 罗国杰.罗国杰自选集·论道德需要[M].北京：学习出版社，2003：70.

（一）以社会主义核心价值体系引领道德文化建设

良好的道德精神能催人向善向上、奋发进取、开拓创新。当前阶段，我国高校的道德精神是沿着具有中国特色的社会主义文化的方向发展，坚持社会主义，弘扬爱国主义精神，以集体主义为原则。这是道德文化建设的主旋律。高职院校也要以社会主义核心价值体系引领道德文化建设。因为没有主旋律的指引，师生员工在各种因素的交互影响下，价值观念必将出现紊乱、茫然无所适从，以至于出现诸如信念动摇、道德滑坡等问题。

（二）加强人文素质培养，激发道德价值认同

道德文化建设只有形成同科学发展规律相适应的良好的道德风尚和素质，才能更好地促进人的全面发展。具体到校园文化建设中，就是需要高职院校师生员工继承中华民族优秀传统文化，提炼中国传统文化中的丰富内涵，如自强不息、厚德载物、舍生取义、重气节、爱国、诚实、守信、知耻、节俭、孝悌、爱人、礼智等。道德文化建设也要注意弘扬现代文明，要结合新形势的需要，在师生员工现代人格、文明素养和现代精神的培养上下功夫，即从精神层面为他们提供理想升华、价值弘扬、品性塑造、人格砥砺、行为矫正、性情陶冶的文化参照，逐渐通过学校道德精神的融入渗透，培育师生员工更健全的人格，形成共同的道德价值观。

（三）营造良好的道德文化发展环境

高职院校良好的道德文化建设是长期的、潜移默化的过程。首先，要充分利用和开发校内媒介设施的支持，以其特殊的渗透力和影响力为价值认同营造良好的道德氛围；其次，要充分发挥媒体的舆论监督和导向作用，对社会上有悖于道德的言论和行为进行舆论引导；再次，大力宣传体现社会主义核心价值体系与时代精神的道德行为和高尚品质，弘扬时代正气；最后，开发道德环境建设的新方式和新途径，扩大宣传影响力，形成良好的道德风尚。

（四）围绕学术活动进行思想道德建设

高职院校校园文化有着浓厚的学术环境和学术氛围，要围绕学术活动进行思想道德建设。高职学生一般对著名专家学者有一种天然的崇拜倾向，所以高职院校可多开展学术活动，同时在学术活动中渗透道德教育的内容。当高职学生参与到学术活动中时，就会自然受到影响，养成良好的道德思想品质。

（五）在丰富的文化活动中提升道德品质

高职院校要积极组织各种丰富的文化活动，在文化活动中提升高职学生的道德品质。例如，开展丰富多彩的文体活动，举办摄影、书画、作品展，举办艺术节、文化节、体育比赛等，活跃学生的课余文化生活，在丰富的文化活动中陶冶情操，使高职学生思想道德境界得到升华。

第六节　高职院校的网络文化建设

随着互联网的发展与普及，网络文化建设日益成为校园文化建设中的一项基础性、战略性和前瞻性的工作。高职院校网络文化作为一种文化形态，体现了高职院校的人文精神，是高职院校办学实力、活力和竞争力的重要因素。重视校园网络文化的建设显然具有十分重要的意义。

一、高职院校网络文化的影响

在当今信息化时代，数字化生存已日益成为高职院校校园的主流教育和生活方式，在这种形势下，网络文化日益繁荣。网络文化对高职院校的校园文化既有有利的影响，也有不利的影响，具体分析如下。

（一）网络文化影响着传统办学理论

信息网络文化的迅猛发展，影响着高职院校的传统办学理论，不管是在坚持和实施服务经济、贴近社会、面向市场的办学方向方面，还是探索和创建新型的高职人才培养模式方面，或是适应社会需求实现培养技术性和高智能型人才的办学目标方面，或是开展以培养学生创新意识、创新精神和创新能力为核心的素质教育方面，校园网络文化都起到了很大的作用。很显然，在网络文化的影响下，高职院校传统的办学理论受到了挑战。

（二）网络文化冲击着校园主流文化

高职院校的校园环境还是相对单纯，面对网络带来的各种各样的外来文化的冲击，使承载教书育人使命的校园文化受到了极大的挑战。首先，面对西方强势文化通过网络的传播，高职学生如果没有足够的抵御文化侵蚀的能力，就很容易受到西方不良文化的侵蚀。首先，以民族传统优秀文化为主导的校园主体文化面临着严峻的挑战。其次，网络信息垃圾泛滥成灾，尤其是暴力、迷信、色情等信息，严重污染了网络文化环境，这极大地影响着健康的校园文化。最后，网络媒介的出现冲击了传统的校园文化形态的发展。许多高职学生沉湎于网络生活，情趣趋向发生变化，不愿参加那些传统校园文化活动。

（三）网络文化对师生的文化素养提出了新的要求

网络媒介往往传播最迅速、最新鲜、最先进的文化信息，能使处在高职院校中的广大师生轻易在网络世界里找到更多观察世界、体味人生的文化视窗。这也就需要广大师生努力提高自己的信息素养。信息素养是现代化社会生活对人的文化素养内涵拓展的必然要求。广大师生提高对信息传播的接受、遴选，对信息技术的掌握、使用等在内的信息文化素养，能有效促进校园文化的发展。

（四）网络文化可以丰富校园文化内容

网络文化作为一种新兴的校园文化，显示出旺盛的生机和活力。近年来，随着网络技术的不断发展和高职学生应用能力的普遍提高，一些形式新颖、内容丰富多彩的网上校园文化活动不断涌现。从网络传呼（QQ）、网络论坛（BBS）、电子邮件（E-mail）、网页浏览（Internet）等最基本的日常网络活动，到网络游戏、网页制作、网上超市、视频讲座、在线影院、虚拟社区、远程棋类对抗、网上扫墓等一系列形式新颖、信息量大、互动性强的文化活动，在很大程度上丰富充实了高职学生的校园文化生活，提高了文化消费的品位和质量。

（五）网络文化可促使高职学生成为真正的校园文化主体

网络的虚拟状态使高职院校校园文化的建构呈现出平等、多元、开放等特点。而网络资源共享的特点和开放性参与方式，可以大大提高学生参与校园文化活动的能动性、自主性。于是，校园文化对于促使高职学生成为真正的校园文化主体具有积极意义。

首先，网络文化是兼容性极强的文化，它可以改变传统学习思维方式，逐步打破传统的以教师为中心的授课方式，而形成以学生自我学习为中心，以个性化教学为模式的新的教学格局。

其次，网络提供了空前优越的文化环境，利用功能强大的软件提供的各种工具，高职学生能最充分地展示自己的创造能力。他们通过网络文化的发展变化，可以看到科学技术的力量，接受先进文化、主流文化、社会文化特别是企业文化的熏陶与洗礼，更有效地激发参与文化活动的积极主动性和创新意识，从而培养网络化生存的主体意识，塑造完善和谐的"网络社会人格"。

（六）网络文化有助于高职院校素质教育的推进

高职院校以素质教育中的能力素质为核心，以培养适应于社会岗位需要的实用型人才为目标。所以，素质教育在高职院校中是受到高度关注的内容。在网络时代，时空的概念已不再重要，教育者享有极大的信息优势，能牢牢掌握校园文化传播的主动权，使网络文化真正成为传播先进文化和主流文化的阵地。同时,网络文化在教育功能上担负着与传统文化截然不同的使命。传统文化教育观以狭隘的功利目的为出发点,强调学生的死智能、死技术的价值实现,而忽视了以创新为核心的全面素质的培养。网络文化则要求其教育的功能是科学性、人文性、技术性、情感性、创新性的多维整合,更强调人的自由、和谐、全面发展。因此,充分利用网络文化的优势特征,可以积极推进高职院校的素质教育发展。

二、高职院校网络文化建设的有效策略

高职院校网络文化建设不仅直接关系到高职学生身心的健康发展和校园文明的和谐构建,而且担负着引领社会文化发展的重要作用。因此,高职院校要抓住新时代信息化发展机遇,在提高认识、转变观念的基础上,充分发挥网络文化的作用与优势,以多种形式推进校园网络文化建设。

(一)加强校园网络基础建设

网络文化是一种以网络为介质的文化形态。所以,网络文化建设的物质基础就是网络设施。高职院校加快网络文化的建设,首先就应当加强校园网络基础的建设,要为学生的网络行为提供良好的硬件环境,及时补充、更新与完善校园网络的硬件设施,同时高职院校也不能忽视软件建设。高职院校要注意加大软件开发力度,积极开发具有高职文化教育特点、功能完善以及符合学生个性习惯的应用软件。此外,校园网络文化的健康发展,离不开优秀的校园网站。高职院校要努力构建成熟的优秀的主题鲜明的校园网站,提高网络信息的共享性。总之,高职院校要营造文明健康的网络环境,遏制腐朽落后思想文化传播,为学生创建一个良好的精神家园。

(二)制定和完善校园网络规章制度

规章制度对社会经济、科学技术、文化教育事业的发展,对社会公共秩序的维护都意义重大。建立网络规章制度,是高职院校网络文化建设的政策性保障。因此,高职院校在网络文化建设中必须重视校园网络规

章制度的制定和完善。

高职院校网络文化的管理制度要在结合《互联网文化管理暂行规定》《中华人民共和国计算机信息网络国际联网管理暂行规定》《互联网信息服务管理办法》《教育部关于加强高等学校思想政治教育进网络工作的若干意见》等国家相关法律法规和意见的基础上，根据学校实际情况和校规校纪，制定切实可行的网络文化管理规章制度，如《校园网信息管理办法》《高校新闻宣传工作管理办法》《校园网用户守则》《BBS论坛管理规则》《校园网安全应急工作细则》《多媒体教室管理办法》《校园电子显示屏管理办法》等。同时，高职院校也要对校园网站的监管、师生网络行为的规范、网络宣传设施的使用等活动做出明确的规定。

当然，注重网络管理制度的不断更新与完善也是非常重要的一件事。为了不断适应新形势下的高职院校网络文化建设的需要，高职院校要做到制度建设的科学性、实用性、灵活性，使得制度建设做到多而不乱，严而不死。

（三）推进网络文化工作者的队伍建设

为了提高校园网络文化的思想性、艺术性、积极性、教育性和指导性，高职院校就必须建立一支强有力的网上工作队伍。这支队伍应既有专家教授可以及时传播学科前沿信息，又有院校领导可以实时进行正确舆论引导；既有职能部门的管理人员可以解释相关规章制度及政策，又有骨干教师可以答疑解惑。网络文化使高职学生的思维方式更加多元化、复杂化和个性化，有不少人的政治意识、民族意识、本土文化意识逐渐淡漠起来，如果没有一支懂网络技术的工作队伍以新观念、新技术迎接信息量庞大、内容虚拟、传播自由及时的网络文化，只是单独凭借传统的思想政治工作方法、手段，那么校园文化难以得到很好的发展。因此，高职院校要加强对相关人员，尤其是领导干部和思想政治工作人员的网络技术培训，培养和提高他们的信息素养和网络技术。

其实，在学生群体中培养成熟的网络意见领袖，也可以增强网络文化工作者队伍。这样的意见领袖必须政治过硬、理论扎实、思维敏捷，能及时关注网络动态、发现安全隐患、疏导网络情绪，有效地维护校园网络的稳定。

（四）将网络文化建设和思想政治工作有机结合起来

高职院校要积极探索网络文化与思想政治工作的结合点，充分利用网络文化的特点和规律加强高职院校的思想政治工作，要积极研究网络文化的特点和规律，找准网络文化和思想政治工作的结合点，充分利用网络的优势，改进和加强高职院校思想政治工作。这是高职院校建设优秀网络文化的一个有效策略。具体来说，二者的结合可从以下几个方面入手。

第一，从本质上实现思想政治教育在网络中的进入，以科学的态度把握思想政治教育与网络的融合点，达到内容和形式、科技与人文的有机融合，拓展思想政治工作在网络文化领域的空间。

第二，着力建设好内容丰富、形式多样的教育网站、新闻主页，找准网络文化与思想政治工作的切入点，采取生动活泼、喜闻乐见的形式，精心设计教育内容，讲求春风化雨、润物无声，通过网上丰富多彩的活动构筑起线上线下互动、辐射社会的思想政治工作网络体系，吸引学生的注意力。

第三，对那些发表错误言论、误导不明真相学生的各种违法违纪行为采取有效的抑制措施，尽可能地净化网络文化环境，利用大量具有思想政治功能的信息，有效地对学生进行思想政治教育。

第九章　学生成长：高职院校发展的终极目标

教育的本质也就是教育者对受教育者的身心有目的、有计划、系统地施加影响的一种社会活动。简言之，是一种培养人的社会活动。高等职业教育也是如此，它的终极目标就是促进学生成长，通过高等教育活动的开展，使高职学生能正确认识自我，形成丰厚的学习素养、健康的心理状态、高尚的品德、较强的能力，成为对社会发展有用的人才，这也是高职院校发展的最终归宿。

第一节　自我认知与高职学生成长

古语有云："知人之智，自知者明。"正确认识自我，了解自己的感知、思维和意识状态，对自己的想法、期望、人格及人格特征有一个科学合理的判断与评估，对自己有一个恰当的认识，只有这样，高职学生才能对自己有一个科学的定位，并在以后的学习和生活中自觉根据自己的情况行事，也才有利于高职学生的成长。

一、自我认知

自我认知，也称为自我意识，是对自己的省察和理解，它一般包括认识自己的生理状况、心理特点以及自己与他人的关系。比如，"我觉得我善于发现问题，但不善于解决问题""我觉得我是慢性子的人""我认为我的身体比以前强壮得多""我认为我是一个乐观向上，充满激情的人",这些都是对自我的认知。

在客观存在的自我认知基础上做出正确的自我评价,对于个人的心理生活、行为表现及协调社会生活中的人际关系,都具有很大的影响作用。在人们的心理生活中,自尊和自卑的自我评价意识具有很大作用。一般来说,人们倾向于把自己看作有价值的、讨人喜欢的、优越的、能干的人,心理学上称之为"自我尊重"。如果一个人看不到自己的价值,只看到自己的不足,觉得自己什么都不如别人、处处低人一等,就会丧失信心,产生强烈的自卑感,其结果是缺乏勇气和积极性,无论做什么事情都难以保证质量。如果一个人只看到自己比别人好,别人都不如自己,就会产生盲目乐观的情绪,自我欣赏,自以为是,其结果往往不能处理好人际关系,难以与人合作,或被他人拒绝、被群体孤立。可见,对自我客观的认知和评价,对个人的健康发展有着不可忽视的影响。

（一）自我认知的特点

自我认知是个体对自己的认识和了解,它具有以下几方面的特点。

1. 主观色彩较强

一般来讲,个体对自己的生理、心理方面的认识和评价,与个体的个性、经验、对自己的接纳程度、认知能力等有直接关系,会受到动机、需要、愿望等主观因素的影响,不可能做到各方面都恰如其分。在现实中,人们的自我认知与对其他对象的知觉一样具有主观的特点,往往与事实有一定的差距,常常出现高估自己或低估自己的现象,这实际上就是自我认知主观色彩较强的展现。实验结果表明,优良品质的自我认知常常比别人的评估来得高,不良的自我认知却比别人的评估来得低。

2. 有一个形成与发展的过程

自我意识并不是与生俱来的,它是人在社会的交往中,随着语言和思维的发展,逐渐把自己当作主体从客体中分离出来,并意识到自己的存在,认识到自己和别人的关系,自己承担着哪些责任与义务,而逐渐形成并发展起来的。就当代高职生而言,随着年龄的增强,他们的自我意识会逐渐增强,并相对稳定下来,他们的自我剖析、自我沉思、自我反省明显增多,对自我新的认识、体验和主动种植增多,也由此带来了更多的情绪体验,如喜悦、焦虑、抑郁等,似乎开始体验到"成长的烦恼",对自己能做什么、应该做什么、不应该做什么开始理性思考。

3.双重角色

自我认识也是一个个体担任双重角色的体验过程,其中在认识自我时既和认识评价他人一样也是观察者,又是整个认识过程的被观察者。其间,个体要学会充分挖掘自身的特点和才能,探索个体的具体情况,进而对自己有一个全面的认识。同时,个体还需要履行被观察者的角色,真诚面对自我观察,为自己提供可靠的信息,以保证观察结果的真实有效。

(二)自我认知的内容

通常来说,自我认知主要包括三种心理成分。

1.自我认识

自我认识是主观自我对客观自我的认识与评价,自我认识是自己对自己身心特征的认识,自我评价是在这个基础上对自己做出的某种判断。自我认识是自我调节、控制的心理基础,包括自我感觉、自我概念、自我观察、自我分析和自我评价。共中自我评价最能代表一个人的自我认识水平,指的是个体对思想、能力、品德、行为及个性等方面进行的判断和评估。因此,当一个人能够正确看待自己的对错、得失,能够客观合理地评价自己的时候,我们就可以说他的自我认识水平比较高。

在现实中,我们对自己的评价往往不是过高就是过低,大多属于过高型。因此,要提高我们的自我评价能力,就应学会与同伴进行比较,通过比较做出评价,即借助别人的评价来评价自己,使用一分为二的观点评价自己。由于自我评价是自我认识中的核心成分,它直接制约着自我体验和自我调控,因此进行自我意识训练,核心应放在自我评价能力的提高上。

2.自我体验

自我体验是在人的生存、成长、发展过程中,伴随人的自我认识而产生的内心体验,是人的自我意识在心理情感上的具体表现,如自信、自卑、自尊、自满、内疚、羞耻等,它反映了人的主观期许与客观现实之间的关系。自我体验往往与自我认识、自我评价有关,也和自己对社会的规范、价值标准的认识有关,良好的自我体验有助于自我监控的发展。

3. 自我监控

自我监控又称自我管理、自我控制、自我调整、自律性管理,是自我意识的重要成分。自我监控是自己对自身行为与思想言语的控制,具体表现为两个方面:一是发动作用;二是制止作用,也就是支配某一行为,抑制与该行为无关或有碍于该行为进行的行为。

人们因情境线索不同而对自己的行为的监察和调节的程度不同,有关研究表明,由于每个人的个体差异,不同的人对自己的监控也有很大的差异。高度自我监控的人对环境中的情况很敏感,他们在根据外部环境因素调整自己行为方面表现出相当高的适应性,能根据不同情境采取不同行为,并能够使公开的角色与私人的自我之间表现出极大差异。低自我监控者对社会情境中的信息较少注意,他们主要是根据内在的感受和自己的态度观点来行动,在各种情境下都表现出自己真实的性情和态度。自我监控适度的人,能够平衡上述两种情况,使自己把他人和环境的要求与坚持按照自己的感受和想法来行事之间调和起来,这样的人既能独立自主坚持己见又能体谅和顾及他人。

二、自我认知对高职学生的重要性

成功学大师拿破仑·希尔说:"一切的成就,一切的财富都是始于自我认知。"充分和客观的自我认知,对高职学生来说是了解自己,并结合自己的情况开展针对性对策的基础。因此,自我认知对高职学生来说十分重要。

首先,高职学生必须不断地认识自我,认清前进的起点。只有充分和客观地认识自己,挖掘自身在某些领域所具备的优势与不足,通过实践来证明自身价值,才能找准自己的位置,明确前进的方向;只有充分和客观地认识自己,才能保持良好的心态,树立稳固的自信心,调整好自己的状态;只有充分和客观地认识自己,才能发现亟待提升的能力与个性中需要完善的地方,使自我成长有目标、有计划地进行,才能处理好自己与他人和社会的关系,拥有成功的人生。可以说,自我认知是高职学生体验成长中的成就感与乐趣，促进高职学生的自我完善的重要基础。

其次，在成长的过程中，高职学生难免被家长拿来和"别人家的孩子"做比较，家长这么做的目的无非是想让自己的孩子看到不足，知耻而后勇，能够发愤图强，不断进步。比较的动机是好的，但经常比较的结果却造成了消极暗示——"我总是不如别人"，甚至有的高职生还会产生一种"我一无是处，尽管努力也是徒劳"的错误认知。高职学生在高中阶段的学习成绩大多不如本科生，这就导致很多高职学生都存在明显的自信心不足，少部分高职学生甚至有严重的自卑。自我认识能够帮助高职学生客观看待自己的各个方面，在看到不足的同时，也看到自己的优势，修正长期以来形成的认识偏差。通过自我认知，将高职学生的注意力引导到自身的优势资源，如性格中的优点、能力、潜能等方面，让高职学生重新看待自己，得出合理的评价，破除长期以来对自己的负面印象，帮助高职学生增加不断尝试挑战的勇气，唤醒心中沉睡的狮子，证明自己的能力来增强自信心，完善心理素质。

三、高职学生容易出现的自我认知偏差及其纠正

自我认知是自我意识的主要内容。高职学生在自我意识完善过程中，有时不能客观地认识和评价自我，出现自我认知偏差，这些自我认知偏差主要表现为自卑和自负两种，这两种心理问题会导致高职学生不能正确地认识自己，因此需要对其进行纠正。

（一）自卑及其纠正

自卑是一种轻视自我的态度体验，由于消极的自我意识或否定的自我评价，使主体自己瞧不起自己，认为自己不行，或总认为自己在某些方面不如他人，缺乏自信。虽然高职学生也属于大学生的范畴，而大学生原本是"天之骄子"，但从 20 世纪 90 年代以后，随着高等教育大众化的发展，大学生的地位发生了变化。昔日头上的诸多光环逐渐消失，原有的心理优越感或平衡感被打破，加之就业困难等社会压力的加大，使得一些大学生变得自暴自弃，丧失了信心，整日忧心忡忡不能自拔。高职学生也受到整体大环境的影响，且常常被看作高等教育的"底层"，受

到本科生、硕士生、博士生等的歧视,也很容易产生自卑心理。

此外,随着自我意识的发展,高职学生越发关注自我价值,对他人对自己的评价有了更多的关注。但现实生活中,由于自我认识不当,消极的自我暗示,一些同学往往会放大自己的短处,习惯拿别人的长处与自己的短处比,越比越觉得不如别人,日积月累,很容易成为一种思维定式,认为自己不行,最终导致产生自卑心理。

高职学生自卑心理的表现多种多样,最明显的两种表现是消极和偏激。消极的同学很怕在别人面前做事,说话谨小慎微,怕同学耻笑。自我感觉在一切方面都不如别人,并伴随着对前途感到迷茫、失望等。自卑并不仅仅局限于低人一等的感觉,强烈的自卑会转变成自恨,当自恨演变成一种自我攻击的时候也可以表现为"自我折磨"。明显的自我折磨是"自残",而隐含的自我折磨则是一种"堕落"的生活方式:他会从事明显低于自己能力的工作,也会故意自甘堕落,不去履行自己的责任。有时在高处或面对尖锐的物品的时候还会突然产生伤害自己的想法,因此必须对其进行纠正。

要纠正自卑感,高职学生需要明白这样一个道理:我之所以自卑是因为我用不恰当的标准衡量自己。什么叫不恰当的标准呢?举例来说,我们知道社会上的很多法则是非常不合理的,例如现在盛行的拜金主义思想就是错误的。但很多人偏偏喜欢用金钱衡量自己的价值,本身在这个社会生存就不容易,你还非要拿自己跟那些成功人士比,看到自己穷就认为自己毫无价值,因而产生了自卑感,这是典型的作茧自缚,自己让自己感到自卑。高职学生也要明白这一点,应学会根据自身的情况选择恰当的自我评价标准,对自己进行科学的评价。例如,与过去的自己相比,看自己是进步了、成熟了,还是退步了、又犯错误了;与理想中的自我相比,自己还有哪些差距;通过反思了解自己的智力、情绪、意志、能力、气质、性格和身体条件等特点;跟别人比较应有标准,且标准应该是相对标准而不是绝对标准,应该是相变的标准而不是恒定的标准。

此外,高职学生要明白这个道理:任何人都有长处和短处,在思想上要树立"天生我材必有用"的信念,树立起对自己的相貌、体格的健康的正确的自我意识。同时,要学习树立"失败是成功之母"的思想观念,以乐观积极的心态面对失败,做到坚忍不拔,不因失败而放弃追求;注意及时调整、改变策略方法,使目标更符合自己的实际;分析失败的原因,找出解决问题的办法;具有迎接失败的心理准备,不断提高自我应付挫折与干扰的能力,增强社会适应力,提高心理承受能力。

(二)自负及其纠正

自负,是一种过度自信的心理表现。自负的人是有点自我扩张的人,他们高估自己,对自己的肯定评价往往有过之而无不及。他们拿放大镜看自己的长处,甚至把缺点也视为长处;拿显微镜看自己的短处,把别人细微的短处找出来,奉行"我好,你不好""我行,你不行"的观点,因而不易处理好人际关系。

就高职学生来说,一些学生在对社会的评价上往往出现简单化和理想化的倾向,对社会发展过程中存在的问题持有偏激的看法,认为有些问题解决得不好是某些人无能,而忽视了其制约因素。这就使得他们在看待社会,看待他人时,容易从消极的观点出发,否定一切;在看待自己时,容易从积极、肯定的角度出发,过分肯定自己,认为自己是最优秀的,常常抱有怀才不遇的心理。还有一些学生秉持自己的大学生,是"天之骄子"的思想,认为自己什么都对,应该得到优待,在与人交往的过程中不免出现夸夸其谈、自负自傲的心态,对自己定位过高,无法看清自己。

俗话说,"满招损,谦受益",《尚书》中的这两句话,寥寥六字,言简义丰,将自负的危害清楚地表现了出来。自负的人常常表现出眼高手低的毛病,他们心高气傲、自视过高,把眼前的一切都不放在眼里,不甘心从平凡的小事做起,总是等待着好的机遇能够从天而降。自负的危害是显而易见的,改掉自负的毛病才能让我们轻装前行。

纠正自负的毛病,首先要学会正确、全面地的认识自己。如果一个人不能正确、全面地认识自我,过高地估计自己,就会骄傲自大、盲目乐观,那必然会产生自负的心理。因此,高职学生既要看到自己的优点和长处,又要看到自己的缺点和不足;既要对自我某一方面的特殊素质进行具体评价,又要对其他各个方面的整体素质进行综合评价;既要考虑全面的整体因素,又要考虑其中占主导地位的重点因素。反之,任何一种片面的、孤立的、不分主次的自我认知,显然都不可能全面而正确地反映自己的整体素质状况。

同时,也要注意不要把自负当成自信。自信的人不仅能看到自己的优势,同样对自己的劣势也有比较清晰的认识。他们相信自己的实力可以战胜一切困难,其中也包括自己的缺点和不足。当一个人已经无法从自身找到任何毛病时,就已经超出了自信的范畴,就必须引起注意了。此外,要乐于接受别人的批评。当我们不能客观地评价自己时,来自其他人的批评和建议则是最好的助力。当别人批评你时,先不要急着反驳,而是要冷静下来,认真反省。一般而言,被别人指出的问题恰恰是我们自己容易忽略的,一旦意识到了自己的问题所在,也就不再容易产生自负的心理。

第二节　学习素养与高职学生成长

要学习、会学习,是大学生的重要任务之一。而在高等职业教育中,引导学生学习除了让高职学生掌握必要的知识和技能外,更重要的是培养他们的学习素养,良好的学习素养对大学生掌握学习规律、合理运用学习方法,解决各种学习问题具有重要影响。同时,学习素养的高低也直接影响高职学生在未来的发展情况,一般来说,学习素养较高的高职学生即便离开学校,也会找寻各种机会进一步学习,提高自己的素养,因此学习素养与高职学生的成长密切相关。

一、学习素养及其对高职学生的意义

这里的学习素养是指高职学生在长期学习过程中所形成的学习习惯与学习气质。学习素养不仅包括学习方法、手段、技巧、现代信息技术和工具运用等一般意义上的“学习能力”,而且包括学习动力、学习精神、学习基础、学习策略、学习评价与监控等诸多方面的素质。

学习素养是反映学生学习态度、学习习惯、学习方法和学习能力的一项重要指标。

其中,学习态度决定了学习的高度。一般人的学习态度是对学到的知识半信半疑、患得患失,一会儿觉得好,一会儿觉得不好。这种学习态度可能会让人学到一些东西,但只能学一个皮毛,因为没有行动,没有感悟。古今中外，凡建功立业者无不对自己所从事的事业有着浓厚的兴趣，有着十分专注的学习态度。越是专注地学习，我们越能发现别人看不到的东西。只有完全把心思集中在学习对象上，我们的注意力才能集中，观察才能敏锐，记忆才能持久准确，思维才能敏锐丰富，才能激发和强化自己学习的内在动力，从而达到最好的学习效果。兴趣能推动我们孜孜不倦地追求，专注的学习态度能让我们坚持下去、克服困难，从而取得成功。

学习习惯是学生为达到好的学习效果而形成的一种学习上的高度自觉地，自动的、主动的、持久的学习行为方式，一旦形成便难以改变。长期有规律地安排学习的人，便可以养成良好的学习习惯。有利于通过生物钟、通过条件反射自动提醒自己自觉地去做应该做的事；有利于发挥下意识的作用；有利于调动潜意识为学习服务。

要顺利实现大学的学习目标，构建幸福人生，21 世纪的大学生必须做到"四会"，即会学习、会生存、会发展和会共处。其中，"会学习"是最重要的基础和条件。学习并不是人们与生俱来的能力，它是一门艺术，需要我们去学习、去实践、去锤炼。高职学生都渴望着学习，也渴望在大学里取得好的成绩。但有些高职学生会在经历了考入大学的喜悦之后，无法在大学里继续这份快乐，原因就在于这些学生不能适应大学的学习环境，找不到适合大学学习规律的学习方法。由此看来，学习方法的摸索和习得尤为重要。

随着高等教育大众化的普及和发展，提高人才培养质量，提高学生的可持续发展能力成为高等教育关注的焦点。高等职业院校也属于高等教育的重要组成部分，自然也应考虑人才培养质量的提高。这种人才培养质量除了基本的文化素养之外，更重要的就是具有较强的学习能力。学习能力是一个结构复杂、多维度、多层次的心理现象，但研究表明，学习能力涉及智力因素、非智力因素等，如注意力、记忆力、观察力、想象力等。它是一种综合能力，就高职学生的学习能力而言，主要包括组织学习活动的能力、获取知识的能力、运用知识的能力，以及伴随学习过程而发生的观察、记忆、思维等智力技能。高职学生要想具有较强的可持续发展能力，必须不断提高自己的学习能力，学习能力的提升会有效地促进知识的积累和技能的提高，反过来这种促进又会促进学习能力的增强，使学习能力始终保持持续提升的状态。

学习素养的形成过程是一个动态的发展过程，与人的气质、性格有密切关系,又与外部社会环境影响和教育诱导有直接关系。如在校学习、课外实践、科学文化的熏陶等活动,促使高职学生的身心健康发展,从而形成良好的学习素养。

学习素养反映个体在学习领域、活动中所体现出来的素质,是个体素质的一种具体化、情景化的体现。换句话说,学习素养就是学习者个人在参加学习活动时所表现出来的一种稳定品质和基本倾向。这种品质和倾向会直接影响学习者的发展。就高职学生来说,良好的学习素养对于高职学生掌握学习规律,合理运用学习方法,适应未来学习、研究工作有着重要的影响。

此外,20 世纪 70 年代以来,快速发展的信息技术将人类社会推进一个新的时代——信息时代。在这一时代,知识的更新速度越来越快,数量越来越多;传播速度越来越快,传播途径也越来越多。在这一背景下,每名高职学生都需要通过持续不断的学习,建立一个不断演进的知识体系。学习已经成为时代的重要概念,终身学习是当前高职学生最重要的资本。这也要求高职学生必须具备一定的学习素养,只有这样才能适应社会发展的需求。

二、提高高职学生的学习素养

提高高职学生的学习素养可以从以下三个方面入手。

(一)激发学习动机

学习动机是指学生个体内部促使其从事学习活动的驱力,一般来说学习动机可分为内部动机和外部动机两类,内部动机如学生本身的兴趣、强烈的求知欲望和自我报偿,它们有助于培养高职学生对本专业知识的学习兴趣,感受不断打开未知领域,并自觉开展学习。而外部动机如家长的期待、超过别人、就业压力、奖学金等,它是个体由外部诱因所引起的动机。例如,某些学生为了得到老师或父母的奖励或避免惩罚而努力学习,他们从事学习活动的动机不在学习本身,而在学习活动之外。

动机产生于需要,学习动机实际上就是学生对学习的一种需要,缺乏学习动机会导致高职学生没有明确的学习目标,社会责任感不强,价值观念肤浅,缺乏自信心,学习方法不当,对自我的学业期望不高,造成学生自我效能感低的问题。所以,从根本上讲,学习动机是社会和个体的这种客观要求在学生头脑里的反映。因此,要提高高职学生的学习素养,首先要激发他们的学习动机。

一般来说,激发高职学生的学习动机首先要激发他们的学习兴趣和求知欲望。学习兴趣是指一个人对学习的一种积极的认识倾向与情绪状态,也是学习动力的源泉。激发高职学生的学习兴趣可以选择难易适中的任务,不断获得成功的体验,进而提高自我效能感。观察那些学习能力与自己差不多的同学取得成功的学习行为,通过获得替代性经验和强化来提高自我效能感。引导坦然面对失败,从失败中找出可以改进的因素,进而提高自己的学习技能,增强获得成功的自信。此外,也可以在学习过程中创设问题情景,提出一定难度的问题,使高职学生感到既熟悉又不能单纯利用自己已有的知识去解决,这时就能激发思维的积极性和求知的欲望,进入"心求通而未通,口欲言而未能"的境界,就能提高学习的积极性,激发起求知的需要。

求知欲是推动人们探求知识并带有感情色彩的一种内在要求,是人们追求知识的动力。求知欲望强烈的人总是用好奇的目光去注视周围世界,从中获取自己需要的知识,也就是说,强烈的求知欲可以引导高职学生积极投入学习中。而从高职院校的生源来看,高职学生带着统考失败者的情结走进高职学校,自卑、失意、厌烦主导了学生的表现:上课迟到,课堂上玩手机,窜座位,睡大觉,随便出入教室,逃避基本功、基本技能训练;不以枉学为错,反而心安理得,得过且过。学习中长时间不听课,不做作业,从不问惑;提起学习就会摇头、闪避,自诩对学习不感兴趣,把上学当作"休闲"。这些都是他们缺乏求知欲的表现。针对这些情况,高职院校首先应引导高职学生正确认识职业教育的重要性,帮助高职学生树立自信心,同时将应用型人才培养的概念传输给高职学生,让他们明白自身的价值,清楚未来的发展方向,进而能积极投身教育教学活动中。

除了提高高职学生的学习兴趣和求知欲之外,高职院校还可组织学生参加实践活动,在实践活动中不断满足和引起学习的需要和学习的兴趣。高职学生在实践活动中以及参加各种实践小组、志愿者服务活动中,由于进一步体会到知识的实践意义,深感自己知识的不足,从而引起新的学习需要,增强了学习动机。

（二）培养高职学生优秀的学习品质

一个学生要适应社会的快速发展和未来的竞争，仅靠在校时期所学的知识技能是远远不够的，"所有的竞争最终都是人格的竞争"，未来的竞争力并不是分数、学历的竞争，而是人格的竞争，具有良好学习品质的学生往往具有：顽强的意志力、较强的抗挫能力、灵活的创造性、清晰的自我认同与自信心、较强的环境适应能力，能够快速的适应社会。具有良好的学习品质，就具备了最主要的素质和能力，就可以再生产新的素质和能力，从而在激烈的竞争中出类拔萃。因此，提高高职学生的学习素养的另一个措施就是培养高职学生优秀的学习品质，如正确的人生价值观、坚持到底的意志、耐心细致的学习品质等。

人生观是一切品质的基础，决定着人的一切思想个性和行为习惯。一个正确的、积极的、健康的人生价值观，对培养学生良好的思想个性和行为习惯具有至关重要的作用。而那些金钱至上的人生观、贪图享乐的人生观、个人第一的人生观等，不利于学生确立正确、积极、健康的生活和学习态度。

在学习活动中，光有智力不行，还必须有坚持到底的意志，才能克服大的困难使学习取得成功，一个具有坚强意志的学生，不仅能促进其情感和智力的发展，而且可以调节和控制自己的情感，主导和支配自己的认识活动，按照自己的预定目标，向知识的高峰顽强地攀登。

学习是一项系统而复杂的任务，必须有耐心的精神和细致的心理。耐心与细致对于高职学生尤其重要，因为高职院校培养的是生产一线的专业技术人才，没有耐心，就难以坚持；没有细心，就功亏一篑。因此，大学生要在就读期间，要着力培养自己的耐心、细心，认认真真、踏踏实实地学习，这不仅对提高学习成绩有着重要的作用和意义，而且对自己一生行事处世都有价值。

（三）传授高职学生科学的学习方法

学贵有方，学会学习的标志在于掌握科学方法，学习能力是与学习方法紧密联系的。没有掌握学习方法在学习过程中就会束手无策，陷入"山重水复疑无路"的境地，因此必须要掌握科学的学习方法。

科学的学习方法能促进和保证学习任务的完成，可以触类旁通、举一反三，而不恰当的学习方法，只会滞碍人的智力发挥，甚至如坠烟海、不得要领。此外，科学的学习方法还应具有因人而异的特点，每个人的个体智力结构、智力水平不同，性格特征也都有各自的特点。有的善于记忆；有的富于想象；有的长于思考；还有的乐于讨论或争论。只有适合个人特点的学习方法，才是科学的学习方法，才可以收到事半功倍的效果。如果生搬硬套别人的一些方法，则可能事倍功半。但这不等于不应该吸收别人的一些好的学习方法，而是说在吸收时一定要考虑自己的特点，在实践过程中结合自身的情况总结出适合自己特点的学习方法。高职学生在学习中要掌握科学的学习方法，应做好以下几方面的工作。

首先，学会自学。与中学学习不同，高等教育主要的学习方法是自学。自学能力是指一个人独立地获取知识、掌握技能及综合运用知识的能力。它主要包括自觉的学习意识、良好的学习习惯、有效的学习方法等。在充分自由的条件下自我学习习惯的培养是大学学习的关键。高职学生也是如此，在教育过程中，应学会自学，从而变被动、消极的"要我学"为热情、主动的"我要学"，收到事半功倍的效果。

其次，要讲究学习效益。掌握科学学习方法的根本目的是提高学习效益。究竟哪种学习方法是适合自己的最佳学习方法呢？主要看是否有利于提高自己的学习效益。因此，要经常注意考察自己的学习效益，并据此调整自己的学习方法。

最后，注意创新思维能力的培养。现在和未来文明的真正财富，将越来越表现为人的创造性。在步入高职院校以前，很多同学已经学会通过积累知识的惯性来学习。积累的确很重要，但是对于高等职业教育而言，更重要的是从积累的知识中去提炼，这就需要打破思维定式，去进行创造性思维、创新思维的培养和创造力的形成。

第三节　心理健康与高职学生成长

高职院校是与社会接触最近的一个前沿，在这里可以体验到相对真实的竞争与压力，可以让高职学生感受一下来自社会的气氛。与此同时,高职阶段也是个体成长与发展的关键时期,青年人思想活跃,求知欲旺盛,热情奔放,但心理脆弱,情绪容易波动,易受挫折,对事物的认识趋于理想化,容易偏激,容易引发内心诸多的心理困惑,高职学生的心理健康问题也引起人们的广泛关注,而心理健康状况又直接影响高职学生的成长,因此,在新时期推动高职学生健康成长必须关心他们的心理健康问题,采取有效措施不断完善高职学生的心理健康状况。

一、心理健康及其对高职学生的意义

随着社会发展,生活节奏加快和竞争加剧,多元文化和价值观的冲突加深,许多人不堪重负,精神濒临崩溃的边缘。还有更多的人虽然表面看来一切正常,但内心也在默默忍受越来越大的心理压力,高职学生也是如此。高职学生是一个特殊的群体,根据高考分数的划分,他们绝大多数进入专科院校。从调查情况来看,这部分群体智商比较高,自尊心也比较强。同一般的青年相比,他们有着更高的抱负和追求,同时也面临着更多的机遇和挑战,尤其是在专升本和就业等方面,他们承受着比本科学生更大的心理压力。从这个意义上讲,高职学生是心理问题的高发人群。有关调查资料统计结果表明,目前我国高校多数大学生的心理是健康的,他们有较高的智力水平,有强烈的求知欲望,学习效率高,情绪稳定,乐观自信,充满朝气,人际关系良好,善于自我调节,适应良好。但是,也有相当一部分学生的心理健康状况不容乐观。因此,加强高职学生的心理健康教育十分必要,而要开展心理健康教育,首先要先了解什么是心理健康及其对高职学生的意义。

心理健康有广义和狭义之分:狭义的心理健康是指不具有某种心理疾病或病态心理;广义的心理健康是指一个人具有良好的心理品质和健全的人格,即一个人具有一种持续的、积极的心理状态,个体在这种状态下能更好地适应环境、发展自我。具体表现在:个体对内部环境具有安全感,对外部环境能以社会认可的形式去应对,能充分体现出生命的活力,最大限度地发挥出其身心功能和潜能。在行为上,一方面,能为社会所接受;另一方面,又能为自身带来快乐和成就。本书对心理健康的理解趋向于广义的概念。

首先,心理健康不仅是高职学生开展有效学习和社会活动的基本条件,而且能保证其活动的正常进行。健康的心理、良好的情绪,有利于人的身体健康。如果一个人情绪稳定、乐观开朗、心情舒畅，就会使免疫系统功能增强，抵抗力增强，保持身体健康。另外，如果再具备顽强的意志力，就能够使学生正确对待学习上的压力，发挥学习主动性和积极性，采取科学的方法，克服学习上的困难，努力完成学习任务。

其次，心理健康是时代发展的需要。在知识经济时代，高素质的人才对企业发展乃至国家综合国力的提高都是十分重要的。十几年前，一张大学毕业证书就是进入社会的通行证，而今天，本科甚至硕士毕业证书都已经不再好使，高职学生自然也面临更大的压力。随着高等教育的逐渐普及，社会关注的将不再是大学生有没有文凭，而是有没有能力，是否善于沟通，能否与他人协作，而只有心理健康才能与人和谐相处，乐于与人沟通，积极向上，不断提高自己的能力，因此可以说，为了应对这些挑战，大学生就必须拥有良好的心理素质，学会心理调适，保持心理健康。这是时代发展对大学生提出的要求，也是大学生适应社会，适应环境变化所必须具备的能力。

最后，心理健康教育是适应大学生活、快乐生活的基本条件。进入高职院校的学生第一步首先是适应大学生活。他们中失望者有之，迷茫者有之，混日子者有之。现代的高职学生普遍缺乏吃苦精神，依赖性强，逆反心理重，养成了以自我为中心的不良习惯。当面对集体生活和复杂的人际关系时显得手忙脚乱，不知道怎样面对，导致郁闷、紧张、焦虑等不良情绪的产生，甚至导致身心疾病的发生。由此可见，教育他们保持健康的情绪、平和的心态，合理安排好自己的各种活动，使精神生活充满生机，在困苦中感到快乐，对他们的健康成长意义重大。

二、高职学生常见心理健康问题

相对于普通本科院校来说，高职学生的压力主要来自专业课的学习，由于社会对高职学生的认可程度还不高，导致高职学生学习自信心不足；就业前景的不乐观，也使他们对就业深感迷茫；家庭原因也使高职学生在处理各种社会关系时存在问题，这些都会导致高职学生出现心理健康问题，这些问题主要表现在以下几方面。

（一）性格与情绪问题

高职学生是一个特殊的群体。从地域上讲，高职学生的生源地比较集中，多以临近就读，如选择本省市或是邻近省市的高职院校就读。学生的生活环境、民族文化乃至教育模式相近。另外，现代社会交通、网络信息发达，区域交流较为频繁，高职学生的共性特点明显，主要强调标准统一，协调一致，注重学生的共性培养。进入大学后，由于各种环境的深刻变化和影响，当代大学生正发生着由忽视个性发展到主动追求个性发展的新变化，并呈现出个性越来越鲜明、个性差异性增强、个性趋向稳定，但又具有很强的可塑性、个性具有多重性等发展特点，这些都使得高职学生心理上正经历着巨大的变化，反映在性格与情绪方面，表现为责任意识薄弱、自我中心无限延续、自制力和鉴别力不足、情绪起伏波动大、情感体验深刻丰富和复杂、易陷入情绪困扰，出现情绪问题等。例如，有的大学生或者嫌自己长相不佳，或者认为自己能力太低，或者认为自己知识面窄，用有色眼镜看待自己及周围的环境，影响了正确的"自我认识"，致使事事处处都认为自己赶不上别人，总觉得低人一等。另外，有的大学生性格孤僻、自我封闭、狭隘自私、多疑嫉妒、狂妄自大，经不起挫折；有的自卑、心理压抑、心里茫然，无所事事；有的心理焦虑，神经衰弱；有的情感困惑，性压抑导致心理变态；有的精神颓废，消极对待人生。这些都是高职学生性格与情绪问题的重要表现。

（二）交际问题突出

当代高职学生中，有的敏感、有的小气、有的自私、有的狂妄、有的眼高手低。这些性格上的缺陷，使他们在人际交往中经常受挫，而对挫折的忍受能力有限，就会产生人际交往焦虑，朋友圈子越来越窄，最后就是形单影只，孤孤单单的一个人。也有的学生不会说话，常常出现恶语伤人的情况，而这些学生并不知道错在自己。缺乏一定的交往技巧，也会造成交际困难。

高职生交际问题的另一个突出表现就是出现寝室问题，经常有学生换寝室，原因是和某某不和，或者难以忍受某某的脾气。现在的大学生，不管是本科生还是高职学生，寝室问题已经成了非常普遍的问题。作息时间不规律、自由散漫、夜猫子（玩游戏到深夜）、室友在休息也大声说话或者煲电话粥,这些都会引起寝室关系紧张。处理不好,轻则换寝室,重则退学。因为无法与寝室的同学和谐相处,怕回寝室,在寝室里找不到自己的位置,睡不好,吃不好,玩不好,极大地影响了学习。

(三)就业心理问题

随着"双向选择、自主择业"的就业政策不断推进,它一方面给高职学生带来了很多机遇和选择空间,另一方面也给他们带来了就业过程中的心理困惑与焦虑,许多高职学生不能正确把握自我与社会的需求,心理上产生了种种矛盾与冲突,产生了各种就业心理问题,如选择职业时把"工作条件好、有利于发挥才能"排在第一位,把"经济收入高"排在第二位,把"社会地位高"排在第三位,从中我们可以清楚地看到高职学生们求职择业时的功利心理。又如,一些高职学生由于缺乏必要的心理素质的培养和基本的自理自立能力的锻炼,致使他们养成强烈的依赖心理,在择业过程中往往缺乏独立自主性、主动性和计划性,在就业机会面前顾虑重重,不知所措,只是一味地依赖学校的联系,听从家长的安排。此外,还有一些高职学生在竞争激烈的求职场上,因所学专业较偏或因求职屡屡受挫,产生强烈的自卑感,进而转化为自卑心理,不敢展示自我,缺乏大胆尝试、积极参与竞争的勇气,从而错失就业良机。过度的自卑,还会产生精神不振、心理扭曲、沮丧、孤寂、脆弱等心理现象,久而久之还可能导致自卑型人格的形成。

(四)恋爱心理问题

高职学生的年龄大多在18～23岁,这一阶段生理发育已趋成熟,父母、亲人的关爱已不能满足他们感情上的需求,他们会产生多种情感需求,需要与异性建立一种亲密关系。为了得到生理和心理上内在需求的满足,他们走进了恋爱。因此,恋爱是大学生生理需要和心理需要的一种自然反映,也是他们走向成人生活的重要步骤。但由于心理发展尚未成熟,再加上长期处于校园这样相对单纯的环境中,高职生在恋爱过程中常常出现各种问题,导致他们出现恋爱心理问题。例如,有的大学生说"爱是情感,不是规范""普遍撒网、重点培养、择优而恋"。而对爱情,大学生更多地想到的是"不在乎天长地久,只在乎曾经拥有",甚至

"预约失恋",只关注恋爱从不考虑承担婚姻责任的现象越来越多。

三、培养高职学生健康心理素质的措施

针对高职学生仍存在较多心理问题的现状,积极开展心理健康教育,培养高职学生健康的心理素质就成为高等职业教育的重要内容。具体可从以下几方面入手。

（一）开展心理健康知识的宣传

高职心理健康教育,是以维护高职学生心理健康为目的,它应遵循大学生心理活动发展规律,以促成心理保健知识、传授心理保健技能、预防心理疾病为主。以个别心理咨询、治疗为辅来促进高职学生身心健康发展和人格的不断完善。当代高职学生正处在青年初期。虽然他们的生理趋于成熟。但心理尚未完全成熟,人生观、世界观正在形成过程中。面对生活环境的改变、观念的冲突、利益的抉择,许多人因处理不当而陷入焦虑、失望和困惑之中,严重者可能表现出异常行为。同时,在自身生理、心理发展过程中,内在体验的剧烈变化又加剧了他们的心理负担。高职学生掌握了一定的心理健康知识,可以了解心理活动规律及大学阶段心理特点,学会运用心理学的方法进行自我调节,保持心理平衡,使他们逐步认识到心理健康的重要性,开始注重自身心理素质的培养与提高,以主动的姿态调整自身的状态,以适应社会的需要。

（二）拓宽高职心理健康教育的渠道

高职心理健康教育是一项系统工程,要取得良好的教育效果,如将其纳入整个高等职业教育体系中,与其他的各项教育相结合。这就要求高职院校在开展学生心理健康教育时,不断拓宽心理健康教育的渠道。从整个教育实践来看,高职心理健康教育的渠道大致可分为三类:第一类是主渠道,其中包括课程教育、心理咨询与辅导、心理健康教育宣传活动等,这一渠道属于显性教育;第二类是重要渠道,主要包括校园文化学科渗透、社会实践活动等,这一渠道属于隐性教育;第三类是辅助渠道,涵盖了教师心理健康教育辅导、家庭心理健康环境熏陶、社会心

理健康环境渗透。

（三）建立健全心理健康咨询机构

作为高职院校指导学生心理健康工作的专业机构，心理咨询中心在帮助高职学生摆脱心理障碍的误区、走出心理困惑、减轻心理压力方面起着至关重要的作用。高职院校应以心理咨询机构为心理健康教育的核心阵地，以辅导员、班主任、心理健康教育教师队伍为依托，以班级中的学生干部为心理咨询协调员作为支撑点，构建学校心理咨询机构的三级网络组织。开展高职学生心理健康测评，尽早建立心理档案，形成心理问题筛查、干预、跟踪、控制一体化的工作机制，及时发现和调解学生的心理问题，对个别严重者应及时采取心理干预措施，做到防患于未然。

（四）积极引导高职学生进行自我教育，提高自我调适能力

高职学生心理健康问题的产生与自身的心理素质及其心理调节能力密切相关，很多高职学生都是因为这两方面的素养的欠缺而产生了心理问题，因此高职心理健康教育的一个重要任务就是积极引导高职学生进行自我教育，提高自我调节能力。具体来看，高职学生应保持积极乐观的情绪、愉快开朗的心境，对未来充满信心和希望，当遇到悲伤和忧愁的事情要学会自我调节，适度地表达和控制情绪，做到胜不骄、败不馁、喜不狂、忧不绝。自我调节心理健康的核心内容包括调整认识结构、情绪状态，锻炼意志品质，改善适应能力等。此外，高职学生应积极参加业余活动，发展社会交往。丰富多彩的业余活动不仅丰富了高职学生的生活，而且为他们的健康发展提供了课堂以外的活动机会。高职学生应培养多种兴趣，发展业余爱好，通过参加各种课余活动，发挥潜能，振奋精神，缓解紧张，维护身心健康，不断地丰富和激活人们的内心世界，有利于心理保健。同时，高职学生应该注意培养良好的人格品质，良好的人格品质首先应该正确认识自我，培养悦纳自我的态度，扬长避短，不断完善自己；其次，应该提高对挫折的承受能力，对挫折有正确的认识，在挫折面前不惊慌失措，采取理智的应付方法，化消极因素为积极因素。

第四节　品德发展与高职学生成长

高职学生是未来的人才,而作为人才,只有丰富的知识是远远不够的,还必须拥有良好的品德,这就是我们常说的德才兼备,而德比才更重要,如果没有才,也可以为社会尽点滴之力,而如果没有德,在以后的生活与工作中就可能会做出与社会无益的事情,也不利于高职生的健康发展,因此培养高职生的品德,推动其健康成长也是高等职业教育必须重视的内容。

一、品德与高职生

（一）品德的概念

品德是道德品质的简称,是个体依据一定的社会道德行为规范行动时表现出来的比较稳定的心理特征和行为倾向。品德不同于道德,品德是道德品质的简称,道德是指衡量行为正当与否的观念标准,是一种社会现象,是人类社会生活中所特有的,由经济关系决定的,依靠社会舆论、传统习惯和人们的内心信念来维系的,并以善恶进行评价的原则规范、心理意识和行为活动的总和。而品德是一种个体心理现象,是人的个性中的一部分,是个性心理特征中具有道德评价意义的部分。例如,高职学生在言行中表现出来的稳固的心理特征,像爱国守法,明礼诚信;热爱人民,热爱集体;孝敬父母,尊重师长;宽人律己,团结友善;奋发学习,勤俭自强;公正无私,敬业奉献等都是优秀的品德。品德的发生、发展一方面受社会生活环境的制约,另一方面也受个体心理发展的年龄阶段、心理活动规律和个性心理的影响。品德主要是教育学和心理学,特别是教育心理学研究的对象。

（二）高职学生的品德状况

　　高职学生受到高等教育,小有微才,"才"是否能用之有道,其道德水平是否也能与"才"俱增,渐渐成为教育关注的焦点。司马光在《资治通鉴》中有精辟解释:"才者,德之资也;德者,才之帅也。"人的才能越高强,德与才这一关系就越密切、越重要。重视和加强对大学生品德的培养对于社会的发展具有极为重要、深远的意义。而要加强高职学生的品德教育,先要了解当代高职学生的品德情况。

　　调查显示,当代高职学生的道德状况主要呈现以下特点。

　　首先,当代高职学生道德情感体验比较积极,但与其品德行为存在着较大反差。例如,在升国旗的时候有90%的大学生有自豪、神圣尊严感的爱国主义情感体验,但有21.75%和11.89%的高职学生能将爱护公物和努力学习与爱国主义联系起来。有70%的学生表示见义勇为的行为可敬,但有35.52%和11.76%的学生感到自愧不如和可敬不可学。这说明相当部分的高职学生道德情感体验还处于不稳定和不成熟的浅表层次,这样的道德情感水平还不足以成为支撑学生形成良好品德行为的强大力量。

　　其次,当代高职生的道德理想取向呈明显的多元化态势。除在公与私的问题上,选择"大公无私"和"公大于私"的学生占51.19%之外,选择"真诚大于虚假、高尚大于卑鄙"的均不足一半;有近30%的学生倾向于公私兼顾和真诚虚假、正直邪恶高尚卑鄙各半;而更为严重的是有20%左右的学生以损公肥私、虚假、卑鄙作为自己的道德价值取向。

　　再次,当代高职学生道德行为达到"自律"水平的约占40%～50%,但一些最基本的文明修养行为有一半的学生未达到要求。

　　最后,当代高职学生的道德意志水平参差不齐。道德意志力强或较强的高职学生约占40%～50%,居中者约占30%～40%,有近20%的学生道德意志力处于较差水平。

　　因此,我们要正确对待当代高职学生的品德状况,既不要盲目乐观,也不要悲观失望。对良好的品德要加强肯定表扬,对存在的品德问题要加以分析,找出存在品德问题的原因,有针对性地加以纠正。

二、加强高职学生的品德教育

随着社会对人才要求的普遍提高,改善学校德育状况,提高德育水平,发展学生品德素质,推动学生健康成长成为教育界普遍的认知。高职院校作为应用型人才培养的重要基地,自然也需要加强对学生的品德教育,在此过程中,高职院校应做好下面的工作。

（一）培养高职学生正确的价值观

品德教育最终要落实到高职学生的实践中,这就需要涉及一个道德判断的问题,道德判断涉及价值问题,而价值或价值观又必定带有社会文化意义;故个人对事物价值的评定,通常是以当地的社会规范为标准。因此,高职院校应将学生的品德培养具体化为可操作的步骤,从高职学生对事物的观念开始,注重认知的培养、情操的陶冶。道德的认知发展遵循先他律后自律、循序渐进的原则,个体只有先了解到规范才有可能遵守而产生道德行为,也才能具有较高的品德素质。

对高职学生来说,知识的积累为认知水平的提高奠定基础,但是,阅历和社会经验的相对贫乏容易导致学生判断是非时易出现偏激或错误。这就需要教育者及时了解学生的思想动态,在有重大事件或关系学生切身利益事件发生时给予恰当的引导。例如,虽然近年来高等教育一直在呼吁提高学生要为经济建设做出贡献,而经济建设过程中西方的拜金主义思想也随之传入中国,这些思想很容易对涉世不深的高职生产生思想腐蚀,在这种情况下,高职院校就应积极采取措施,从思想上引导高职学生正确认识这些不同的思想,学会辨别有益和有害的思想,从而提高思想道德素质,为其品德的发展奠定基础。

（二）通过集体开展品德教育活动

一般来说,高职学生的重要交往活动都要通过集体,行为和个性的社会化过程,组织良好的集体,可以培养学生的责任感、友谊感、尊重集体舆论,必要时要放弃个人的兴趣、利益和意见服从集体的利益与要求。责任感能鼓舞学生为本班、本校争取集体荣誉。在良好的学生集体中,能培养尊重舆论和集体意见的好风气。班里的积极分子能以自己的模范行为、主动精神和意志影响其他同学，能发挥正确的舆论作用，活跃集体生活。因此，高校可通过集体开展品德教育活动，需要注意的是，集体应该有指导集体生活和团结全体成员的有威信的骨干。否则，集体行动难以协调，组织涣散。

（三）对高职学生的品德问题进行矫正

高职学生品德问题的存在，只是他们在成长过程中出现的支流，而绝非主流。我们要分清主次，切忌以偏概全。同时，我们也必须看到高职学生的思想与心理还没有完全定型，可塑性很大。在有利的条件下，是可以得到纠正的。为此，我们应对高职学生品德问题的矫正充满信心，针对不同情况，采用不同的矫正措施，促使其向好的方面转化。

纠正高职学生的品德问题首先要以理服人，使他们从道德认识上真正理解与信服。在此过程中，教育者一定要注意从他们现有的实际认知水平出发，帮助他们提高道德意识，培养道德责任感，切忌背离高职学生的认知经验，提出过的道德要求。同时，教育者也要坚持正面疏导，通过摆事实、讲道理、循循善诱，使他们心诚地接受教育，切忌硬性灌输、强制压服。此外，教育者还应提出合理而具体的要求，并指导他们严格要求自己，切忌抽象说教、无的放矢，切忌榜样作秀、搞形式主义。

纠正高职学生的品德问题还要动之以情，要以情感去打动高职学生，实现他们道德认识上的转化。这是矫正高职学生不良品德的关键。人是有感情的，高职学生更是具有丰富的情感。一方面，高职学生的情感相较于中学阶段更加发展和丰富，对外界有增加接触与了解的需要；另一方面，高职学生们普遍远离家乡和亲人，他们的情感容易转移到朝夕相处的学校、教师和同学身上。因此，对他们付出爱心和关心，便能引起强烈的共鸣；而对他们冷淡、歧视，则会导致他们的疏远和对立。

纠正高职学生的品德问题更要导之以行，要引导高职学生积极参与克服不良品德的行动，在行动中矫正不良品德行为。这是矫正高职学生不良品德的必要途径。不良品德行为往往是言行背离，易于反复，动摇不定。因此，我们在导之以行时要注意引导和组织高职学生进行必要的道德训练，逐步养成符合道德规范的行为习惯，如创设重复良好行为的教育情境，消除不良行为重复的机会，启发高职学生自觉地与坏习惯作斗争，消除习惯性惰性障碍，充分调动高职学生的积极性，实现自我参与、自我管理、自我教育,树立良好的校风、班风,直接熏陶高职学生养成良好的行为习惯等。

第五节　能力素质与高职学生成长

能力是人们顺利完成某种活动所必须具备的素质,高职学生是否具备职业发展和社会需求的各项能力,不仅直接影响其未来是否能完成相关的职业任务,以及任务完成的质量、效率等,而且与其成长密切相关,因此培养高职学生的能力素质也十分重要。

一、能力与高职学生应具备的能力素质

(一)能力的概念

心理学把人的能力视为人的一种心理特征。有的学生数学运算既快又准,人们就说这个学生思维敏捷,运算能力好。有的学生在音乐活动中有强烈的节奏感、曲调感,人们就说这个学生音乐能力强。还有的学生在学习中善于概括总结,抓住关键,举一反三,人们就说这个学生学习能力强。这些在具体的实践活动中逐渐形成和发展起来的、直接影响活动的效率,使活动的任务得以顺利完成的心理特征,就叫能力。

能力是一个多层次、多维度的复杂的心理系统,可分为认知能力、操作能力、创造能力以及社会适应能力等。认知能力是指学习、理解、分析、概括、推理能力;操作能力是指动手能力、操纵制作能力和运动能力;创造能力是指独立地以新模式、新思维去掌握和运用知识、技能,并产生丰富的想象和联想,从而发现新的原理、形成新的技能、发明新的方法、获得新的成果的一种能力;社会适应能力是指人际交往能力、对新环境的适应能力以及自身与环境达到平衡的调节能力。

（二）高职学生应具备的能力素质

总体上来看,高职学生大都经过高考,基本的知识素养大多较高,但在实践中高职学生与其他本科生一样,都存在"高分低能"的问题,也就是说在高职学生群体中,不少高职生的能力素质较为欠缺,他们虽然掌握了基本的专业知识,但缺乏实践能力和自我探索与发展的能力,这也会直接影响他们以后的发展。事实上,凡是毕业后马上能适应工作、胜任工作,很快打开局面做出成绩的往往都是能力较强的学生,但是,这样的合格学生毕竟数量太少。据不少用人单位反映,现在有相当比例的大学毕业生组织管理能力、应变能力、适应能力较差。因此,在高等职业教育中,培养高职学生的能力素质十分必要,一般来说,高职学生应具备的能力素质除了独立生活能力、环境适应能力、语言表达能力等一般能力外,还应包括以下几方面。

1. 自学能力

所谓自学能力,就是善于了解自己需要什么知识,并能根据自己的意图独立获取知识的能力。自学能力包括阅读学术著作和科技期刊的能力,熟练地使用多种工具书的能力,查阅文献资料的能力,检索数据库的能力以及在因特网查阅信息的能力。社会进入知识经济时代,知识量急骤增长,知识更新的速度更加迅速,一个人即使到大学毕业,也只是具备了从事职业生涯的基本知识,其他的知识要靠自学来完成。谁的自学能力强,谁就能跟上时代步伐,获得成功；谁的自学能力弱,谁就会成为时代的落伍者。

2. 动手操作能力

高职学生通过多年的学习拥有了一定的知识积累,但是实践应用知识的能力、动手操作却未必能够达到用人单位的要求。"眼高手低"的人并不在少数,企业需要的是做事的而不是应试人才。所以,一个高职毕业生如果在动手操作方面有过硬的本领,往往会受到单位的青睐。

3. 社会交往能力

社会交往是一门学问,而这种学问在课本上是学不到的。大学生要大胆地把握各种交流机会,培养自己与他人的沟通能力。同时,在交往中还要做到诚实守信、互相尊重。沟通能力是社会交往的关键,一个具有很强沟通能力的人,能把工作做得得心应手。对当代大学生来说,应注意以下几点:一是要注意沟通中双方的互惠和相互尊重;二是要学会站在对方的立场看问题,了解对方的思想观点;三是要积极地在矛盾冲突中找共同点,提高沟通的技巧。

4. 再造与创造能力

再造能力,又叫模仿能力,是指在活动中顺利地掌握前人所积累的知识、技能,并按现成的模式进行活动的能力,人们在学习活动中的认知、记忆、操作与熟练能力多属于再造能力。创造能力是指具有流畅、独特、变通、创新及超越平常的思考与活动的能力,它具有独特性、变通性、流畅性的特点。再造能力和创造能力是互相联系的。再造能力是创造能力的基础,任何创造活动都不可能凭空产生。因此,为了发展创造能力,首先就应虚心地学习、模仿、再造。在实际活动中,这两种能力是相互渗透的。

5. 实现自我发展的能力

实现自我发展的能力,包括规划人生的能力和进修提高能力或自我更新的能力。要实现自我发展,首先必须对自己的人生有一个规划,也就是进行职业规划。要正确地认识自我,明确自己的优势和不足,确定自己的人生奋斗目标,根据自己所学的专业,制定专业学习规划用于指导自己的发展和成长。

此外,要实现自身的发展需要根据时代发展的新形势,不断更新自我,做到与时俱进。当今社会是信息社会,我们所处时代是知识经济时代,科学技术突飞猛进,知识信息不断更新。如果我们不会学习、不善于学习,不能及时"更新"自己,就无法适应时代发展的要求,就有随时被淘汰的危险。因此,高职学生要不断更新思想观念、更新知识结构、更新自己的能力。而这些"更新",共同的要求就是要不断学习提高自己。

二、高职学生的能力素质培养

在科学技术迅猛发展、新技术与科学发明创造不断涌现,只是总量飞速增加,知识陈旧周期明显缩短,知识更新明显加快的情况下,高职学生在校期间能获得的知识是较少的,更多的知识需要高职学生在日常的学习和以后的职业生涯中不断去获取,这就要求高职学生必须具备相应的能力素质,而高职学生这些能力素质培养也就成为高职院校必须重视的问题,具体来看,进行高职学生能力素质的培养可从以下几方面入手。

（一）在课程教学中培养学生的能力

课程教学仍是高等职业教育的主要形式,在课程教育中,高职学生通过完成作业、进行课堂讨论、开展实验活动等都可以锻炼自己的能力,因此教师在开展职业教育活动时,也应将学生的能力培养融入课堂教学中。例如,开设各类实验、实训课程,通过设计和实验操作,验证或证明理论观点,引导高职学生自己动手操作,从而在加强其对相关理论知识的应用能力的同时,发展其相关能力,如创新创造能力等。又如,高职的专业理论课教学的主要任务是向学生传授比较系统实用的专业理论知识,但掌握知识不是目的,目的是要学生掌握和应用所学理论知识来解决生产工作中的实际问题。因此,专业理论课教学也要求重视学生能力的培养,发掘其能力培养因素,加大能力培养的力度,如理论课中的教学互动、学生讨论、课堂练习、书面作业等,使学生的能力在理论课学习中也能得到有效的发展。

（二）参加各类实践活动

能力在实践中形成,并且在实践中发展。实践活动不断向人们提出要求,人们将这些要求变成自己的需要,因此推动着人们努力克服困难,勤奋工作,在出色完成任务的过程中,使人的能力得到高度发展。可以说,社会实践是能力形成与发展的基本途径。高职学生要获得较强的能力,就需要积极参加各种实践活动,在实践中不断锻炼自己,提高自己的能力。例如,参加竞赛和课程实习,积极参加各类竞赛是一种很好的锻炼方式。在竞赛过程中,高职学生不仅可以将所学的专业知识融会贯通,应用于实践,而且锻炼了自己意志品质和心理承受力,如果能够取得一定成绩,更可为以后的求职增添分量。此外,参加课程实习,高职学生能在实际工作中检验自己的知识技能,发现欠缺的部分,并有意地补充完善,也对其能力发展十分有益,因此在高等职业教育中,教师应引导高职学生多参加各类实践活动,以不断提高学生的能力。

参考文献

[1] 王佑华,范菊雨.新时代高等职业教育发展探索与研究 [M].北京:北京大学出版社,2022.

[2] 陈正江.中国特色高等职业教育发展与政策研究 [M].杭州:浙江工商大学出版社,2021.

[3] 蒋庆荣.中国高等职业教育治理模式研究 [M].长春:吉林大学出版社,2021.

[4] 郭扬.高等职业教育三十年探索与研究 [M].北京:冶金工业出版社,2021.

[5] 刘建林,朱晓渭.陕西高等职业教育改革创新实践研究 [M].北京:北京理工大学出版社,2020.

[6] 刘建林.高等职业教育现代学徒制探索与实践 [M].西安:西安电子科学技术大学出版社,2020.

[7] 北京政法职业学院.高等职业教育论丛 [M].北京:知识产权出版社,2020.

[8] 周建松.高等职业教育高质量发展研究 [M].杭州:浙江大学出版社,2020.

[9] 王欣欣.高等职业教育混合式学习模式创新设计 [M].北京:北京交通大学出版社,2020.

[10] 周建松.高等职业教育优质学校建设综论 [M].杭州:浙江工商大学出版社,2019.

[11] 周明星.藩篱与跨越 高等职业教育人才培养模式与政策 [M].武汉:华中师范大学出版社,2018.

[12] 谢金凤,刘秋菊.大学生心理健康教育 [M].北京:高等教育出版社,2018.

[13] 张艳艳 . 大学生心理健康教育 [M]. 重庆：重庆大学出版社，2018.

[14] 石芬芳 . 反思与应用 高等职业教育管理文集 [M]. 武汉：武汉大学出版社，2018.

[15] 李德方，王明伦等 . 高等职业教育发展新论 [M]. 北京：知识产权出版社，2017.

[16] 王志伟 . 高等职业教育理念创新与发展 [M]. 长春：东北师范大学出版社，2017.

[17] 张晶 . 评估视域下高校教学建设与发展 [M]. 合肥：安徽大学出版社，2017.

[18] 陈捷，图娅 . 大学生心理健康 [M]. 北京：清华大学出版社，2017.

[19] 李艳 . 大学生心理健康教育 [M]. 北京：北京邮电大学出版社，2017.

[20] 罗春秋 . 大学生心理问题研究 [M]. 长春：吉林人民出版社，2017.

[21] 强麟 . 让坏情绪不再纠缠你 [M]. 北京：中国商业出版社，2017.

[22] 杨彬 . 大学生心理健康教育读本 [M]. 成都：电子科技大学出版社，2017.

[23] 马红麟 . 高等职业教育产业文化读本 [M]. 北京：中国水利水电出版社，2017.

[24] 魏则胜 . 教师职业道德 [M]. 广州：中山大学出版社，2017.

[25] 杨聿敏 . 高职生职业生涯规划与创新创业基础 [M]. 北京：中国铁道出版社，2017.

[26] 朱雪梅 . 高等职业教育发展模式研究 [M]. 广州：中山大学出版社，2016.

[27] 白笑禹 . 原来如此：有趣的行为心理学 [M]. 北京：北京工业大学出版社，2016.

[28] 崔玉环 . 高职学生心理素质教育与指导教程 [M]. 杭州：浙江大学出版社，2016.

[29] 丁月娥，周启平 . 让你我的心田更阳光 职业院校同伴心理辅导实案读本 [M]. 兰州：甘肃人民出版社，2016.

[30] 杨中焕. 大学生心理健康教育 [M]. 济南：山东人民出版社，2016.

[31] 袁庆华. 高职生心理素质教育与训练 [M]. 杭州：浙江大学出版社，2016.

[32] 曹晔，等. 当代中国中等职业教育 [M]. 天津：南开大学出版社，2016.

[33] 霍雄飞. 中国现代职业教育发展之政府战略研究 [M]. 南京：南京大学出版社，2016.

[34] 罗燕，高嘉阳. 人力资源校企合作研究：以华南师大与深圳三和的人力实践合作为例 [M]. 北京：人民日报出版社，2016.

[35] 王春丽，等. 互联网 + 视角下高职课堂教学模式研究 [M]. 长春：吉林人民出版社，2016.

[36] 新玉言，李克. 大数据政府治理新时代 [M]. 北京：台海出版社，2016.

[37] 颜彩飞. 高职院校校企合作机制创新研究 [M]. 长沙：中南大学出版社，2016.

[38] 赵妍. 面向大数据的挖掘方法研究 [M]. 北京：电子科技大学出版社，2016.

[39] 周洪宇. 中国教育黄皮书（2016 年）：加强教育法治，全面推进依法治教 [M]. 武汉：湖北教育出版社，2016.

[40] 朱永新. 中国教育改革大系·职业教育卷 [M]. 武汉：湖北教育出版社，2016.

[41] 周萍，缪宁陵，宋扬. 高职院校内涵建设：教学质量保障研究 [M]. 苏州：苏州大学出版社，2015.

[42] 兰州交通大学博文学院. 博文科技教学教改论文集 [M]. 武汉：武汉大学出版社，2015.

[43] 陈幼芳，戢颖. 大学生学习方法概论 [M]. 北京：中国铁道出版社，2015.

[44] 杜学森. 大学生就业指导 [M]. 北京：北京理工大学出版社，2015.

[45] 贺星岳，等. 现代高职的产教融合范式 [M]. 杭州：浙江大学出版社，2015.

[46] 李遥,许静 . 如何读大学 [M]. 南京:南京师范大学出版社,2015.

[47] 李运楼,李尊华,周倩兰 . 就业指导与创业基础训练教程 [M]. 北京:航空工业出版社,2015.

[48] 马勇琼 . 心理教育能力实训教程 [M]. 成都:西南交通大学出版社,2015.

[49] 田爱香 . 大学生心理健康教育 [M]. 武汉:武汉大学出版社,2015.

[50] 肖峰 . 管理学基础及实务 [M]. 北京:清华大学出版社,2015.

[51] 杨红英 . 大学生职业生涯规划 [M]. 昆明:云南大学出版社,2015.

[52] 贾长胜 . 学校文化的理论与实践 [M]. 北京:新华出版社,2015.

[53]杨进.中国职业教育发展报告2014[M].北京:高等教育出版社,2015.

[54] 张国安 . 教育新地标 [M]. 武汉:华中科技大学出版社,2015.

[55] 付兴国 . 现代高等职业教育论 [M]. 北京:中国轻工业出版社,2014.

[56] 陈红英 . 新编大学生心理健康教程 [M]. 武汉:武汉大学出版社,2014.

[57] 李花,陈斌 . 大学生职业生涯规划 [M]. 天津:南开大学出版社,2014.

[58] 刘智运,刘永红 . 大学生学习素养 [M]. 北京:清华大学出版社,2014.

[59] 邱懿,任园,卢洁洲 . 大学生社会实践:理论探索与典型经验 [M]. 上海:上海交通大学出版社,2014.

[60] 张宏如 . 当代大学生心理学 [M].2 版 . 北京:首都经济贸易大学出版社,2014.

[61] 苏均平,姜北 . 学科与学科建设 [M].2 版 . 上海:第二军医大学出版社,2014.

[62] 曹兵 . 专业认知与职业规划:建筑装饰类 [M]. 北京:中国纺织出版社,2014.

[63] 冯琦琳 . 高等职业教育可持续发展研究 [M]. 上海:复旦大学出版社,2014.

[64] 周建松,等.高等职业教育校企合作长效机制研究,杭州:浙江工商大学出版社,2014.

[65] 金川,等.高等职业教育办学定位理论与实践研究 [M]. 北京:中国政法大学出版社,2013.

[66] 梁凌洁.高职院校校企合作办学创新研究 [M]. 成都:西南交通大学出版社,2013.

[67] 吴高岭.高等职业教育多元化办学体制研究 [M]. 武汉:华中科技大学出版社,2013.

[68] 龙旭,胡永松.高职学生心理健康与成长 [M]. 重庆:重庆大学出版社,2013.

[69] 马连华.高职教师教学能力提升二十讲 [M]. 北京:清华大学出版社,2013.

[70] 张晓东.高等职业院校办学定位的实证研究 [M]. 上海:同济大学出版社,2012.

[71] 杨群祥,等.高职院校实践教学创新的理论与实践:基于校内实习公司培养学生职业素质 [M]. 广州:广东高等教育出版社,2012.

[72] 常顺英,矫春虹.大学生学习引论 [M]. 北京:北京理工大学出版社,2012.

[73] 焦岚,曲茜茜,王磊.大学生心理健康教育 [M]. 长春:吉林大学出版社,2012.

[74] 廖女男,等.大学校园文化的传承与创新 [M]. 成都:西南交通大学出版社,2012.

[75] 聂肇正.高等职业教育研究与实践 [M]. 武汉:湖北人民出版社,2010.

[76] 林正范.大学心理学 [M]. 杭州:浙江大学出版社,2010.

[77] 欧阳光磊.大学生发展导航 [M]. 武汉:华中师范大学出版社,2010.

[78] 于立东.大学生心理健康教育 [M]. 南京:南京大学出版社,2010.

[79] 姚海涛.高职院校校园文化建设理论与实务 [M]. 北京:科学出版社,2010.

[80] 程琳,等.基于江西产业集群的高等职业教育发展研究 [M]. 南昌:江西人民出版社,2010.

[81] 仲耀黎 . 高职院校教育教学管理 [M]. 合肥：中国科学技术大学出版社,2010.

[82] 刘彦文 . 高等职业教育原理与教学研究 [M]. 北京：中国轻工业出版社,2009.

[83] 李海宗 . 高等职业教育概论 [M]. 北京：科学出版社,2009.

[84] 郑秉泇 . 学习教育的理论与实践 [M]. 北京：中国林业出版社,2009.

[85] 郭苏华,隋明 . 职业教育产学结合实践研究 [M]. 上海：上海财经大学出版社,2009.

[86] 潘懋元 . 中国高等教育大众化的结构与体系 [M]. 广州：广东高等教育出版社,2009.

[87] 戚万学 . 高等教育学 [M]. 济南：山东人民出版社,2008.

[88] 石令明 . 高等职业教育办学体系探究 [M]. 北京：中国农业科学技术出版社,2008.

[89] 傅真放 . 全程育人 成人成才：大学生成长成才之路 [M]. 桂林：广西师范大学出版社,2008.

[90] 向东 . 国土资源职教理论与实践 [M]. 武汉：中国地质大学出版社,2008.

[91] 董维佳,宋建军 . 高等职业教育教学质量管理概论 [M]. 南京：南京大学出版社,2007.

[92] 卢红学 . 高等职业教育人才培养模式构建论 [M]. 桂林：广西师范大学出版社,2007.

[93] 河北省教师教育专家委员会 . 大学生心理发展与教育 [M]. 保定：河北人民出版社,2007.

[94] 辽宁省高等学校师资培训中心组 . 高等教育心理学 [M]. 沈阳：辽宁师范大学出版社,2007.

[95] 中国高等教育培训中心(全国高职高专师资培训北京基地). 高职高专教育改革与教学质量管理指导手册(上卷)[M]. 北京：华夏教育出版社,2007.

[96] 刘福军,成文章 . 高等职业教育人才培养模式 [M]. 北京：科学出版社,2007.

[97] 王明伦 . 高等职业教育发展论 [M]. 北京：教育科学出版社,2004.

[98] 黄顺亮. 高等教育管理 [M]. 北京：新世界出版社, 2003.

[99] 王前新. 高等职业教育管理学 [M]. 北京：红旗出版社, 2003.

[100] 于立国, 高海军, 杨博, 等. 基于产教融合的河北省高等职业教育发展研究 [J]. 职业技术教育, 2021, 42（23）：18-22.

[101] 周锦年. 论当代中国高等职业教育发展的新趋势 [J]. 高教学刊, 2021, 7（19）：193-196.

[102] 周建松, 陈正江. 中国特色高等职业教育发展道路：演进、内涵与经验 [J]. 中国职业技术教育, 2020（30）：73-77.

[103] 李胜, 刘庆根. 高等职业教育发展驱动力研究 [J]. 职教通讯, 2020（01）：47-52.

[104] 杜嘉华. 校企合作的高等职业教育发展问题现状和对策 [J]. 才智, 2020（04）：151.

[105] 李东航. 我国高等职业教育发展制度的演进、问题和创新 [J]. 柳州职业技术学院学报, 2018, 18（05）：34-39.

[106] 严玫玫. 新时代下高等职业教育发展方向与改革对策初探 [J]. 考试周刊, 2018（75）：44.

[107] 孔月红. 高职院校教学诊改工作探讨 [J]. 考试周刊, 2018（26）：26.

[108] 刘冰冰. 新时代高职院校教学诊改工作的探析 [J]. 企业科技与发展, 2018（11）：181-183.

[109] 李婧. 高职院校自我诊改质量保障体系建设初探 [J]. 现代职业教育, 2017（04）：5-7.

[110] 王琳. 职业院校教学质量诊改体系建设思考 [J]. 现代职业教育, 2017（15）：151.

[111] 陈然. 心理资本在高职院校创业教育中的开发与培育 [J]. 职教通讯, 2016（23）：43.

[112] 孙萍, 张经纬. 市场导向的政产学研用协同创新模型及保障机制研究 [J]. 科技进步与对策, 2014（08）：20.

[113] 查吉德. 高职人才培养目标定位的新思 [J]. 中国职业技术教育, 2011（18）：12-19.

[114] 刘婧君. 高等职业院校人才培养目标定位研究 [D]. 四川：四川师范大学, 2010：21-22.